第一章

方寸之间有天地

汉字和汉语历史悠久，源远流长。那一个个方块字连缀成书法风雅，那一个个词句绽放着语言芳华。

方寸之间，大有天地。

第一节　说文解字

术语辞典

多义词：具有两个或者两个以上相关意义的词。

民

【本义】 奴隶。

【古】 ①奴隶；②平民，老百姓，与“君”“官”相对；③人，人类；④别人，他人。

【今】 ①人民；②某种人；③民间的；④非军人，非军事的；⑤姓。

【本义解析】 甲骨文字形中的“民”是由上下两部分组成的，上部是一只眼睛，下部是一把锥子的形状，表示用锥子刺瞎眼睛。金文类似。根据郭沫若的解说，这个字表示以刃刺目，在当时的社会代表奴隶。

向

【本义】 朝北的窗户。

【古】 ①朝北的窗户；②朝向，向着；③趋向，奔向；④从前，往昔；⑤假使，假如；⑥对着，特指正面对着；⑦窗户；⑧通“享”，享受；⑨通“响”，回声。

【今】 ①方向；②对着，特指脸或正面对着（跟“背”相对）；③将近，接近；④偏袒；⑤引进动作的方向、目标或对象；⑥姓。

【本义解析】 《说文解字》中说：“向，北出牖也。从宀，从口。”古人把墙上的窗户叫作“牖”。“向”是象形字。甲骨文的“向”看起来像房屋上开了一个口，以此来表示窗户。金文形体与甲骨文基本一致，外面部件表示房屋，里面部件表示房屋上的窗口。小篆形体基于甲骨文、金文，未作大变。

文化中国

中华优秀传统文化

第七册

丛书主编

文新华

本册主编

曹雪梅

本册副主编

周　婧　刘一虹　张列力

本册编委

崔　旦　王碧玮　孟佳珊

王绥如　倪卉艳　王聪源

华东师范大学出版社

·上海·

图书在版编目(CIP)数据

文化中国:中华优秀传统文化. 第七册/文新华主编.
—上海:华东师范大学出版社,2023
ISBN 978-7-5760-3893-4

Ⅰ.①文… Ⅱ.①文… Ⅲ.①中华文化—初中—教学参考资料 Ⅳ.①G634.303

中国国家版本馆 CIP 数据核字(2023)第 107740 号

文化中国:中华优秀传统文化　第七册
WENHUA ZHONGGUO: ZHONGHUA YOUXIU CHUANTONG WENHUA DI QI CE

丛书主编　文新华
本册主编　曹雪梅
策划编辑　曹祖红
项目编辑　游胜男
责任编辑　陆奕彤
责任校对　姜　峰　时东明
装帧设计　刘怡霖

出版发行　华东师范大学出版社
社　　址　上海市中山北路 3663 号　邮编 200062
网　　址　www.ecnupress.com.cn
电　　话　021-60821666　行政传真 021-62572105
客服电话　021-62865537　门市(邮购)电话 021-62869887
地　　址　上海市中山北路 3663 号华东师范大学校内先锋路口
网　　店　http://hdsdcbs.tmall.com

印 刷 者　上海新华印刷有限公司
开　　本　787 毫米×1092 毫米　1/16
印　　张　10.5
字　　数　167 千字
版　　次　2023 年 12 月第 1 版
印　　次　2023 年 12 月第 1 次
书　　号　ISBN 978-7-5760-3893-4
定　　价　48.00 元

出 版 人　王　焰

目　录

天

【本义】　人的头顶。

【古】　①天空，与“地”相对；②指自然界；③人们想象中万物的主宰；④称君王或父母、丈夫；⑤天气，气候，季节；⑥人的头顶。

【今】　①天空；②位置在顶部的，凌空架设的；③一昼夜二十四小时的时间，有时专指白天；④一天里的某一段时间；⑤季节；⑥天气；⑦天然的，天生的；⑧自然界；⑨迷信的人指自然界的主宰者；⑩用于计算天数；⑪迷信的人指神佛仙人居住的地方；⑫姓。

【本义解析】　“天”是象形字，甲骨文字形像正面站立的人，突出了上部的头。金文形体大致相同，显得更形象。隶变后楷书写作“天”。人至高无上的部分为“天”(头)，自然界至高无上的也是“天”。

引

【本义】　开弓。

【古】　①拉开弓；②引导，率领；③避开，退却；④取过来；⑤引进，荐举；⑥乐府诗体的一种。

【今】　①牵引，拉；②引导；③离开；④伸着；⑤引起，使出现；⑥惹；⑦用来做证据或理由；⑧旧俗出殡时牵引棺材的白布；⑨长度单位，10 丈等于 1 引，15 引等于 1 里；⑩姓。

【本义解析】　“引”字的甲骨文、金文字形都像弓箭被拉开。甲骨文 = (弓) + (持箭)，因此造字本义是动词，拉弓持箭，张弦未发。在甲骨文中，箭支竖立弓后为“引”，箭支横穿弓为“射”。

旨

【本义】　味美。

【古】　①美味；②意思，意图；③帝王的诏书，命令。

【今】　①滋味美；②意义，用意，目的；③意旨，特指帝王的命令。

【本义解析】《说文解字》中说："旨，美也。从甘，匕声。""旨"为会意字。"旨"的甲骨文字形，上面是"人"，下面是"口"。金文字形以"甘"代替"口"，"口"和"甘"在古文字中有时同义，都表示味美。

集

【本义】 群鸟聚集在树上。

【古】 ①群鸟停在树上；②聚集；③诗文集子；④成功；⑤安定。

【今】 ①集合，聚集；②集市；③集子；④古代图书四部分类法（经史子集）的第四类；⑤某些篇幅较长的著作或作品中相对独立的部分；⑥集合的简称；⑦姓。

【本义解析】《说文解字》中说："集，群鸟在木上也。""集"为会意字。甲骨文的"集"字由鸟、木构成，会意鸟在木（树）上停息，表示聚集。

及

【本义】 追赶上抓住。

【古】 ①追上，赶上；②至，到；③趁着；④如，比得上；⑤连词，和，与。

【今】 ①达到；②赶上；③比得上；④连接并列的名词或名词性词组（注意：用"及"连接的成分多在意义上有主次之分，主要的成分放在"及"的前面）；⑤姓。

【本义解析】《说文解字》中说："逮也。从又从人。""及"为会意字。甲骨文的"及"，从人，从手，表示后面的人赶上来用手抓住前面的人。因此，其有追上、赶上之意。

表

【本义】 皮衣上的毛。

【古】 ①穿在外面的衣服；②外，与"里"相对；③中表，表亲；④标志，标准；⑤表现；⑥古代测量日影、定时刻的标杆；⑦表彰，表扬；⑧文章的一种，臣下给皇帝的奏章；⑨表格，图表。

【今】 ①外面，外表；②中表（亲戚）；③把思想感情显示出来，表示；④俗称用药物把感受的风寒发散出来；⑤榜样，模范；⑥古代文体奏章的一种，用于较重大的事件；⑦用表格形式排列事项的书籍或文件；⑧古代测日影的标杆；⑨测量某种量的器具；⑩计时的器具，一般指比钟小而可以随身携带的；⑪刻有文字或图案的石柱或石碑；⑫姓。

【本义解析】《说文解字》中说："表，上衣也。从衣毛。古者衣裘，故以毛为表。""表"为会意字，从毛，从衣，毛亦声。篆文的"表"字为"衣"字中间嵌入"毛"字。古人穿裘衣时，将毛皮带毛的一面作为外面，即"表"是"毛"。

然

【本义】 燃烧。

【古】 ①"燃"的古字，燃烧；②是的，对的；③指示代词，那样，这样；④应允，许诺；⑤连词，表示转折，但是，不过；⑥连词，表承接，然后，才；⑦用在形容词词尾，表示"……的样子"；⑧副词，乃，竟然；⑨句末语气词，焉，也。

【今】 ①对，不错；②如此，这样，那样；③然而；④副词或形容词后缀；⑤姓。

【本义解析】《说文解字》中说："然，烧也。""然"字因借用作代词、叹词、副词、连词、助词等，本义反被掩盖了，为了便于区别，人们又在"然"旁边增加了"火"。从此，"燃"专指燃烧，"然"则被用于各种假借义。

明

【本义】 明亮，清晰。

【古】 ①明亮；②懂得，明白；③明白，清楚；④证明，说明，明确；⑤英明，高明，明智；⑥视力；⑦次一个，下一个；⑧朝代名。

【今】 ①公开，显露在外，不隐蔽；②眼力好，眼光正确，对事物现象看得清；③光明；④懂得，了解；⑤表明，显示；⑥副词，明明的意思；⑦明亮（跟"暗"相对）；⑧明白，清楚；⑨视觉。

【本义解析】《说文解字》中说："朙（明），照也。从月，从囧。"即说"明"为光照、光明的意思。"明"为会意字。甲骨文中的"明"字，左边是"日"，右边是"月"，两者分别在白天和夜晚带给我们光明，因而将"日"和"月"并列，会意为光明、明亮。金文中，“日”变成了窗户的形状，“月”则像照在窗户上的月光，因此也表示光明。

拓展迁移

◎ 请再找一些常用字，仿照本节的示例，制作字义解释小卡片。

第二节　楷书四大家

术语辞典

楷书：也叫正楷、正书、真书，是汉字书体的一种，由隶书减省波磔发展演变而成。始于汉末，自魏晋时期通用至今。其特点是笔画平整，形体方正，因而被用作现在汉字书写的正体。

一、欧阳询

欧阳询（557—641），字信本，潭州临湘（今湖南长沙）人，唐朝著名书法家、大臣，楷书四大家之一。出身武勋世家，祖父欧阳頠和父亲欧阳纥皆为南朝将领。

欧阳询与同时代的虞世南、褚遂良、薛稷并称为“初唐四大家”。因其子欧阳通亦通善书法，故父子俩合称“大小欧”。他与虞世南俱以书法驰名初唐，并称“欧虞”。

欧阳询楷书作品欣赏

欧阳询八体尽能，而以楷书为最工。其楷书用笔险劲，法度谨严，于平正中见险绝，被称为“欧体”，对后世影响很大，是最便于初学者学习的书体之一。碑刻有正书《九成宫醴泉铭》《皇甫诞碑》《化度寺碑》等。

二、颜真卿

颜真卿（709—784），字清臣，小名羡门子，别号应方，京兆万年（今陕西西安）人，唐朝名臣、书法家。

开元二十二年（734），颜真卿登进士第，历任监察御史、殿中侍御史。后因得罪权臣杨国忠，被贬为平原太守，世称“颜平原”。安史之乱时，颜真卿率义军对抗叛军。唐代宗时，颜真卿官至吏部尚书、太子太师，被封为鲁郡公，人称“颜鲁公”。

兴元元年（784），颜真卿被派遣晓谕叛将李希烈，由于他凛然拒贼，终被缢杀。

颜真卿书法精妙，擅长行书、楷书。一开始学褚遂良，后来师从张旭，学习到张旭的笔法。他的正楷端庄雄伟，行书遒劲郁勃，人称“颜体”，对后世影响很大。颜真卿与柳公权并称“颜柳”，碑刻有《多宝塔碑》《李玄靖碑》《麻姑仙坛

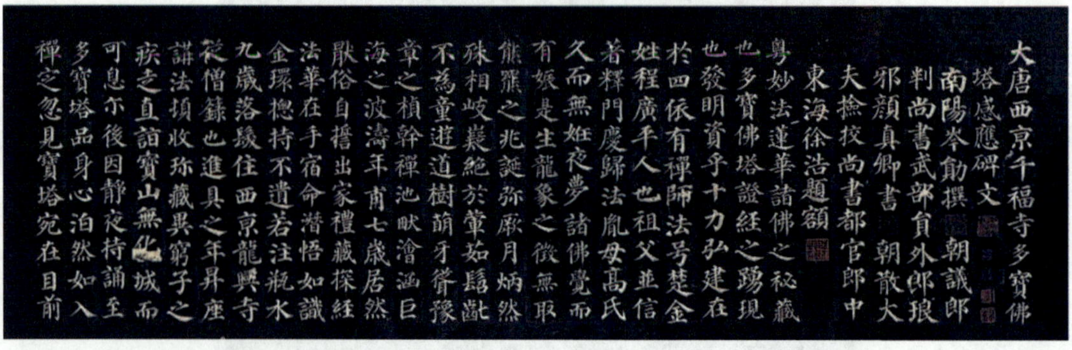

颜真卿楷书作品欣赏

记》等。行书有《争座位帖》。书迹有《祭侄文稿》《自书告身》。后人编辑整理了《颜鲁公集》。

三、柳公权

柳公权(778—865),字诚悬,京兆华原(今陕西铜川)人,唐朝著名书法家、诗人,兵部尚书柳公绰之弟。

柳公权二十九岁时进士及第,早年曾任秘书省校书郎,并进入李听的幕府任职。在穆宗、敬宗、文宗时期官居侍书,在朝中的时间很长。共历仕七朝,官至太子少师,被封为河东郡公,以太子太保的身份辞官,所以世称“柳少师”。咸通六年(865),柳公权去世,享年八十八。被追赠为太子太师。

柳公权的书法以楷书著称,一开始学王羲之,后来遍观唐代名家书法,吸取了颜真卿、欧阳询之长,融汇新意,自创独树一帜的“柳体”,以骨力劲健见长,后世有“颜筋柳骨”的美誉。柳公权与颜真卿齐名,人称“颜柳”。传世碑刻有《金刚经》《玄秘塔碑》《神策军碑》等。存世书迹有《蒙诏帖》《送梨帖题跋》。

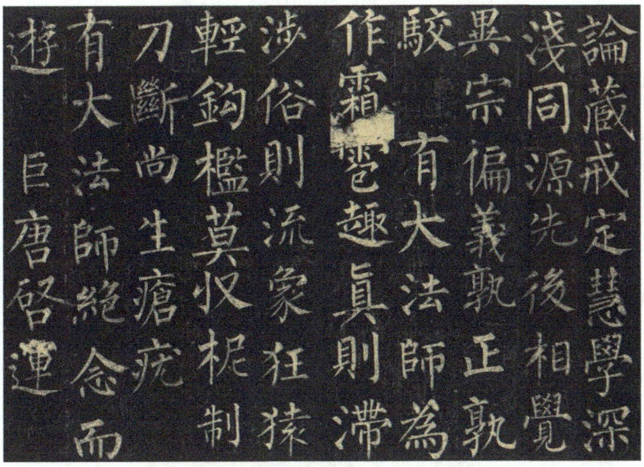

柳公权楷书作品欣赏

四、赵孟頫

赵孟頫（1254—1322），字子昂，号松雪道人，又号水晶宫道人、鸥波，中年曾作孟俯，湖州（今属浙江）人，宋末元初著名书法家、画家、诗人。宋宗室后裔。

至元二十三年（1286），赵孟頫被行台侍御史程钜夫举荐，受元世祖忽必烈的礼敬，历任集贤直学士、济南路总管府事、江浙等处儒学提举、翰林侍读学士等职。累官至翰林学士承旨，封魏国公，谥文敏，故称“赵文敏”。

赵孟頫博学多才，其在书法和绘画方面成就最高。在绘画上，他开创元代新画风。为“元六家”之一。在书法上，赵孟頫尤精正书、行书和小楷。其书风遒媚秀逸，结体严整，笔法圆熟，世称“赵体”。赵孟頫亦能诗文，其诗风格和婉，著有《松雪斋集》。

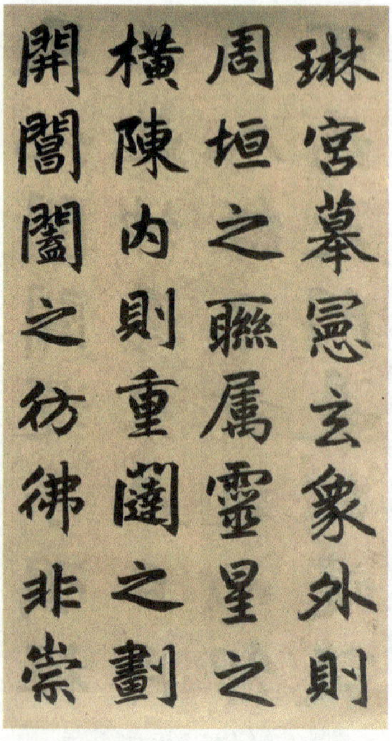

赵孟頫楷书作品欣赏

拓展迁移

◎ 练一练。

人	之	初	性	本	善
人	之	初	性	本	善
人	之	初	性	本	善
性	相	近	习	相	远
性	相	近	习	相	远
性	相	近	习	相	远

第三节　歇后语觅趣

一、歇后语的形式及特点

歇后语是中国劳动人民自古以来在生活实践中创造的一种特殊语言形式，是一种短小、风趣、形象的语句。它由前后两部分组成，前一部分起“引子”的作用，像谜面，后一部分起“后衬”的作用，像谜底，十分自然贴切。在一定的语言环境中，通常说出前半截，“歇”去后半截，就可以领会和猜想出它的本意，所以被称为“歇后语”。

歇后语简练精妙，寓意深刻。这一语言形式以其独特的表现力，给人以深思和启迪，同时也反映了华夏民族特有的风俗传统和民族文化。

二、歇后语的分类

常见的歇后语可分为四大类：谐音类、喻事类、喻物类、故事类。

1. 谐音类。

此类歇后语利用同音字或近音字，由原来的意义引申出所需要的另一种意义，也即“双关语”。这类歇后语，往往需要我们转几个弯才能顿悟，因而饶有趣味。

例：

小葱拌豆腐——一清（青）二白

咸菜煎豆腐——有言（盐）在先

瞎子进烟馆——摩登（摸灯）

空中布袋——装疯（风）

宋江的军师——无（吴）用

卖草帽的丢扁担——留神（绳）

外甥打灯笼——照旧(舅)

半两棉花——免谈(弹)

秃子打伞——无法(发)无天

马店买猪——没那事(市)

父亲向儿子磕头——岂有此理(礼)

反穿皮袄——装佯(羊)

秀才的毛巾——包输(书)

乌龟爬门槛——但看此一番(翻)

针尖上挑毛巾——不足为奇(旗)

2. 喻事类。

这类歇后语是用客观或想象的事情打比方。如果我们对设比事情的特点、情状有所了解,就不难领悟后半段的"谜底"。

例:

一人一把号——各吹各的调

肥鸡炖汤——油水多

废品加工——物尽其用

沸水锅里煮螃蟹——看你横行到几时

坟场上舞大刀——吓死人

粉球滚芝麻——多少沾点儿

粉刷的乌鸦——白不久

风地里的一盏灯——不知啥时候灭

风吹墙头草——两边倒

一丈水退了八尺——露真相了

疯狗咬刺猬——无处下口

凤凰头上戴牡丹——好上加好

一个人吹号又打鼓——自吹自擂

三伏天穿皮袄——里外发热

府官进县衙——大摇大摆

3. 喻物类。

此类歇后语是用某些物件、动物作比方。如果了解被设比物的性质，就能快速领悟它的意思了。

例：

一只皮鞋一只拖鞋——成不了双

草梢上的露水——长不了

公鸡的尾巴——翘得高

老鼠过街——人人喊打

三个鼻孔眼——多出你这口气

草人的胸腔——无心

苍蝇的翅膀——扇不起多大风浪

扛竹竿进城——拐不过弯儿

炒了的虾仁——红透了

车轮子没轴——转不开

成熟的莲子——心里苦

茶壶里下元宵——只进不出

柴草人救火——自身难保

成熟的南瓜——黄了

陈年老账——没法了结

4. 故事类。

此类歇后语一般引用常见的典故、寓言和神话传说等来作比方。

例：

卢俊义上梁山——不请自来

六耳猕猴充大圣——冒牌货

鲁智深出家——无牵无挂

鲁班门前耍大斧——不识高低

马谡用兵——言过其实

盲人摸象——各执一端

李逵扮新娘——装不像

八仙过海——各显神通

关公赴会——单刀直入

草船借箭——有借无还

叶公好龙——口是心非

张飞穿针——大眼瞪小眼

包公断案——铁面无私

王羲之写字——入木三分

司马昭之心——路人皆知

拓展迁移

◎ 猜一猜，写一写。

一根肠子通到底——____________

牛羊入圈鸟落窝——____________

冬天的蟒蛇——____________

一张嘴巴两张皮——____________

抹黑脸照镜子——____________

开水锅里露头——____________

老母猪的耳朵——____________

天灵盖上长眼睛——____________

老太太走路——____________

嘴里衔灯草——____________

诸葛亮当军师——____________

孔夫子搬家——____________

蚕豆开花——____________

第四节　对联赏雅

对联，又称楹联或对子，是写在纸、布上或刻在竹子、木头、柱子上的对偶语句。对联对仗工整，平仄协调，是一字一音的中华语言独特的艺术形式，也是中国传统文化的瑰宝。

一、对联的特点

1. 字数相等，断句一致。

除有意空出某字的位置以达到某种特定的效果外，上联与下联的字数必须相同，不能多，也不能少。

例：

立志飞龙腾空起，创学彩凤因云翔。

开口便笑，笑古笑今凡事付之一笑；大肚能容，容天容地与己何所不容。

五颜六色，妆点金秋景象；百媚千娇，蕴涵傲骨情操。

2. 平仄相合，音调和谐。

对对联的传统习惯是“仄起平落”，即上联末句尾字用仄声，下联末句尾字用平声。

（知识链接：汉语拼音中一二声为平声，三四声为仄声。）

例：

凌霄挥巨手，立地起高楼。

继先贤智慧继续深造，安长辈希望安心读书。

趣言能适意，茶品可清心。

3. 词性相对，位置相同。

一般称为“虚对虚，实对实”，就是名词对名词，动词对动词，形容词对形容词，数量词对数量词，副词对副词，而且相对的词必须摆放在相同的位置上。

例：

百花齐放春光好，万马奔腾气象新。

日出雾散，晴阴交替天地间；竹横麻竖，青黄交错软硬帘。

今日天之骄子，未来国家栋梁。

知识延伸

对对联小技巧

出联用过的字，对对联时一般不能再用。

拟写对联时要注意审题，不能忽视题目上或明或暗的提示信息而偏离题意。

与对联紧密相关的横批，可以说是对联的题目，也可以说是对联的中心。好的横批在对联中可以起到画龙点睛、相互补充的作用。

张挂的对联，必须直写竖贴，自右而左，由上而下，不能颠倒。

二、对联的分类

1. 按用途分类。

(1) 通用联。

春联。例：东风吹出千山绿，春雨洒来万象新。

(2) 专用联。

茶联。例：欲把西湖比西子，从来佳茗似佳人。

寿联。例：寿比南山不老松，福如东海长流水。

婚联。例：佳偶百年欣遇，知音千里相逢。

喜联。例：蓝桥恩爱重，瓜节谊缘长。

挽联。例：良操美德千秋在，高节亮风万古存。

行业联。例：振兴新事业，改造旧乾坤。

座右铭联。例：读一书，增一智。

2. 按字数分类。

（1）短联。

十字以内为短联。

（2）中联。

百字以内为中联。

（3）长联。

百字以上为长联。

3. 按修辞技巧分类。

（1）对偶联。

言对：不用典故的对偶句。例：修容乎礼园，翱翔乎书圃。

事对：用相似或相反的人物故实构成对偶句。例：毛嫱鄣袂，不足程式；西施掩面，比之无色。

正对：上下联内容相似或者相关（即只有一面性）。例：春蚕到死丝方尽，蜡炬成灰泪始干。

反对：上下联意思相反。例：横眉冷对千夫指，俯首甘为孺子牛。

工对：很工整的对仗，一般用同一门类的词语为对。例：荷风送香气，竹露滴清响。

宽对：不很工整的对仗，一般只要句型相同、词的词性相同。例：明月清风非俗物，轻裘肥马谢儿曹。

流水对：出句与对句在意义上和语法结构上不是相对，而是上下相承，两句不能互相脱离，更不能颠倒，在语言结构上有一定的前后秩序。例：野火烧不尽，春风吹又生。

回文对：把相同的诗句，在下文中调换位置或颠倒过来，产生首尾回环的情趣。例：中国藏宝玉，玉宝藏国中。

顶针对：在上下联内部的分句中，前一个分句的脚字为后一个分句的句头字。相邻的两个分句有首尾相连、前后承接、连绵不断的特点。例：常德德山山有德，长沙沙水水无沙。

（2）修辞联。

包括比喻、夸张、反诘、双关、设问、谐音。

（3）技巧联。

嵌字。例：桂子飘香清肺腑，林荫夹道悦宾朋。

隐字。例：咬定一两句，终身得力；栽成六七竿，四壁皆清。

复字。例：蒲叶，桃叶，葡萄叶，草本木本；梅花，桂花，玫瑰花，春香秋香。

叠字。例：风风雨雨，暖暖寒寒，处处寻寻觅觅；莺莺燕燕，花花叶叶，卿卿暮暮朝朝。

偏旁。例：送迎远近通达道，进退速迟逝逍遥。

析字。例：二人土上坐，一月日边明。

拆字。例：品泉茶三口白水，竺仙庵二个山人。

数字。例：六塔重重，四面七棱八角；一掌平平，五指两短三长。

4. 按联语来源分类。

（1）集句联。

全用古人诗中的现成句子组成的对联。

（2）集字联。

集古人文章、书法字帖中的字组成的对联。

（3）摘句联。

直接摘他人诗文中的对偶句而成的对联。

（4）创作联。

作者自己独立创作出来的对联。

5. 按内容分类。

（1）节令联。

有特定的应时性或纪念性，内容多为一般的咏物、抒情、议论、祝愿的对联。

（2）喜庆联。

又称贺联，指除节日庆祝以外的、内容上带有某种特定祝贺性质的对联。按其内容和对象，可划分为婚联、寿联、新居联（乔迁联）等若干子类。

（3）哀挽联。

又称挽联，指用于吊唁亡人的对联。挽联可从多种角度来划分，如挽老年人联、挽中年人联、挽青少年人联等，或者挽长辈联、挽同辈联、挽晚辈联等。另外，还可分出挽名人联、自挽联等。也可将祭祀联作为挽联的一个子类。

（4）名胜联。

为某一名胜古迹撰写、镌刻的楹联，多用于亭台楼榭、殿阁寺庙、名山大川等处。就创作手法而言，名胜联可分为写景、咏史、叙事、抒情、议论等。

（5）行业联。

其内容为针对某一行业、部门或领域的对联。行业联可按行业、部门来划分子类。

（6）题赠联。

题赠给他人的对联，其内容一般带有某种赞颂、祝愿、劝勉性质。根据题赠对象的不同，题赠联一般可分为题长辈联、题同辈联、题晚辈联等若干子类。

（7）杂感联。

没有特定对象，而内容包罗比较广泛的对联。这种对联往往带有比较单纯的文学创作特色，如哲理言志联、咏物抒情联、劝喻讽刺联等。

（8）学术联。

带有某种学术性质的对联，如科普联、佛教联、道教联等。

（9）趣巧联。

比较突出趣味或技巧而相对不注重内容的对联，如各种谐趣联、技巧联等。

拓展迁移

◎ 填一填，对一对。

修业勤为贵，行文意必________________。

庭前春晓雄鸡舞，世上风清________________飞。

一路风雨前程磨砺意志，半载苦乐同享________________。

百尺高梧，撑得起一轮月色；数椽矮屋，________________。

趣言能适意，________________。

红日照财财满门，________________。

第二章
字字珠玑蕴才思

经典诗文是中华优秀传统文化的重要载体。这些优秀的作品字字珠玑，句句琳琅，弥漫着智慧、才思与情志的馨香。让我们沿着经典诗文的长河尽情漫游吧！

第一节 文言文精要

一、文言文中的人称代词

文言文是中国古代的书面语言，是现代汉语的源头，它作为一种定型化的书面语言，沿用了两三千年，从先秦诸子、两汉辞赋、史传散文，到唐宋古文、明清八股……都属于文言文的范围。本节仅就文言文中的人称代词略作介绍。

术语辞典

人称代词：人称代词是代词的一种，是用来直接指代某个（些）人或某个（些）物的代替名词。

1. 第一人称。

第一人称又叫“自称”，常用“吾”“我”“余”“予”等，还有帝王的专称“朕”和“孤”，通常可译为“我”“我们”“我的”“我们的”。例：

已得履，乃曰：“吾忘持度。”（《郑人买履》）

三人行，必有我师焉。（《论语·述而》）

余闻而愈悲。（《捕蛇者说》）

予观夫巴陵胜状，在洞庭一湖。（《岳阳楼记》）

夏德若兹，今朕必往。（《尚书·商书·汤誓》）

孤之有孔明，犹鱼之有水也。（《隆中对》）

2. 第二人称。

第二人称又叫对称，常用"尔""汝""女""若""乃""而"等，通常译为"你""你们""你的""你们的"。例：

尔安敢轻吾射！（《卖油翁》）

汝心之固，固不可彻。（《愚公移山》）

子曰："由，诲女知之乎？"（《论语十则》）

若为佣耕，何富贵也？（《陈涉世家》）

王师北定中原日，家祭无忘告乃翁。（《示儿》）

而翁归，自与汝复算耳。（《促织》）

3. 第三人称。

第三人称又叫他称，主要有"彼""其""之"等字，它们既可以用来指人，又可以用来代事，其用法更为灵活，通常译为"他""他们""他的""他们的"等。例：

彼竭我盈，故克之。（《曹刿论战》）

其妻献疑曰。（《愚公移山》）

北方有侮臣者，愿借子杀之。（《公输》）

4. 己称。

己称，即"自称"，常用"自""己"二字，均可译为"自己"。例：

自云先世避秦时乱。（《桃花源记》）

己所不欲，勿施于人。（《论语》）

5. 旁称。

旁称，即称别人，常用"人"字，可译为"别人""人家"。例：

不患人之不己知，患其不能也。（《论语》）

今人有大功而击之，不义也。（《鸿门宴》）

6. **尊称**。

尊称即对人的礼貌称呼，有“君”“子”“公”“卿”“先生”“夫子”“足下”“陛下”“阁下”等，一般译为“您”“您老人家”“他老人家”等。例：

以君之力，曾不能损魁父之丘，如太行、王屋何？（《愚公移山》）

子何恃而往？（《为学一首示子侄》）

公亦尝闻天子之怒乎？（《唐雎不辱使命》）

卿言多务，孰若孤？（《孙权劝学》）

公输盘曰：“夫子何命焉为？”（《公输》）

足下事皆成。（《陈涉世家》）

陛下亦宜自谋，以咨诹善道，察纳雅言。（《出师表》）

7. **贱称**。

贱称，也叫“谦称”，一般用“臣”“仆”“妾”“鄙人”“寡人”等，均可译为“我”。例：

臣不胜受恩感激。（《出师表》）

妾闻志士不饮盗泉之水。（《乐羊子妻》）

鄙人不知忌讳。（《史记·冯唐列传》）

二、常见的文言虚词

阅读经典文言文，不仅可以提升语言能力，感受语言的发展演变，还可以感受、理解古人的精神世界，了解中国古代社会和文化。为了提高文言文阅读能力，需要掌握一些常见的文言虚词。

术语辞典

文言虚词：在文言文中不表示实在意义，一般也不作句子成分的词。它主要的作用是组合语言单位。

常见的六个文言虚词是："之""其""而""以""何""于"。

1. 之。

（1）用作代词。

可以指代人、事、物。指代人时，可译为"他""他们""它""它们"。例：

策之不以其道，食之不能尽其材，鸣之而不能通其义，执策而临之，曰："天下无马！"（《马说》）

（2）用作助词。

① 结构助词，定语的标志。

用在定语和中心语（名词）之间，可译为"的"，有的可不译。例：

小大之狱，虽不能察，必以情。（《曹刿论战》）

② 结构助词，宾语前置的标志。

用在被提前的宾语之后，动词谓语或介词之前，译时应省去。例：

宋何罪之有？（《公输》）

③ 结构助词，取消句子独立性。

当主谓短语在句中作为主语、宾语或一个分句时，"之"用在主语和谓语之间，起取消句子独立性的作用，可不译。例：

孤之有孔明，犹鱼之有水也。（《隆中对》）

④ 音节助词。

用在形容词、副词或某些动词的末尾，或用在三个字之间，使之凑成四个字，只起调整音节的作用，译时应省去。例：

久之，目似瞑，意暇甚。（《狼》）

（3）用作动词。

译为"去""往""到"。例：

辍耕之垄上。（《陈涉世家》）

2. 其。

（1）用作代词

① 用作第三人称代词。

相当于“他(们)”“她(们)”“它(们)”。例：

妻跪问其故。(《乐羊子妻》)

② 用作第一人称代词。

相当于“我(的)”“自己(的)”。例：

并自为其名。(《伤仲永》)

③ 指示代词。

相当于“那”“这”“其中的”等。例：

其人视端容寂，若听茶声然。(《核舟记》)

(2) 用作副词。

表示揣度、反诘语气，相当于“难道”“大概”。例：

其孰能讥之乎？(《游褒禅山记》)

(3) 用作连词。

① 表示假设，相当于“如果”。例：

其业有不精、德有不成者，非天质之卑，则心不若余之专耳，岂他人之过哉！(《送东阳马生序》)

② 表示选择，相当于“是……，还是……”。例：

其真无马邪？其真不知马也！(《马说》)

(4) 助词，调节音节，可不译。例：

路漫漫其修远兮，吾将上下而求索。(《离骚》)

3. 而。

(1) 表示并列，相当于“又”“和”，或不译。例：

蟹六跪而二螯。(《劝学》)

(2) 表示递进关系，相当于“而且”“并且”。例：

择其善者而从之，其不善者而改之。(《论语·述而》)

(3) 表示转折关系，相当于“然而”“可是”“却”。例：

人不知而不愠，不亦君子乎？(《论语·学而》)

(4) 表示顺承关系，相当于“就”“接着”，或不译。例：

置之地，拔剑撞而破之。(《鸿门宴》)

4. 以。

(1) 作为介词。

① 表示动作、行为所凭借的身份、条件、方法，译为“凭”“靠”。例：

乃入见。问：“何以战？”(《曹刿论战》)

② 表示动作、行为所使用的工具或方法，译为“用”“拿”“把”“按照”。例：

策之不以其道。(《马说》)

③ 表示动作、行为产生的原因，可译为“因”“因为”。例：

不以物喜，不以己悲。(《岳阳楼记》)

④ 引进动作、行为产生的时间和处所，相当于“于”。例：

余以乾隆三十九年十二月。(《登泰山记》)

(2) 作为连词。

① 表示目的关系，译为“来”“用来”。例：

诚宜开张圣听，以光先帝遗德。(《出师表》)

② 表示顺承关系，相当于“而”，可不译。例：

高祖因之以成帝业。(《隆中对》)

③ 表示并列或递进关系，译为“而”“又”。例：

夫夷以近，则游者众；险以远，则至者少。(《游褒禅山记》)

④ 表示因果关系，译为“因为”。例：

臣以供养无主，辞不赴命。(《陈情表》)

⑤ 表示修饰关系，连接状语和中心语，译为“而”，可省去。例：

木欣欣以向荣，泉涓涓而始流。(《归去来兮辞》)

5. 何。

(1) 表示疑问代词，可以作定语、宾语、谓语。

① 作定语，译为“什么”“哪”。例：

其间旦暮闻何物，杜鹃啼血猿哀鸣。(《琵琶行》)

② 作动词或介词的宾语，译为“什么”“哪里”。例：

大王来何操？(《鸿门宴》)

③ 单独作谓语，有询问原因的意思，译为“为什么”。例：

何者？严大国之威以修敬也。（《廉颇蔺相如列传》）

(2) 用作副词，可以放在形容词前面、句首或动词前面。

① 用在形容词前，表示程度深，译为“多么”“怎么”。例：

至于誓天断发，泣下沾襟，何其衰也！（《伶官传序》）

② 用在句首，常表示反问，译为“为什么”，例：

何不按兵束甲，北面而事之？（《赤壁之战》）

③ 用在动词前，常表示反问，译为“怎么”。例：

徐公何能及君也？（《邹忌讽齐王纳谏》）

6. 于。

(1) 译为“对”“对于”。例：

贫者语于富者曰。（《为学一首示子侄》）

(2) 译为“在”“从”。例：

苟全性命于乱世，不求闻达于诸侯。（《出师表》）

(3) 译为“与”“跟”。例：

身长八尺，每自比于管仲、乐毅。（《隆中对》）

(4) 译为“到”。例：

指通豫南，达于汉阴。（《愚公移山》）

(5) 放在形容词之后，表示比较，一般译为“比”，有时译为“胜过”。例：

生亦我所欲，所欲有甚于生者，故不为苟得也。（《鱼我所欲也》）

(6) 放在动词之后，表示被动，译为“被”。例：

受制于人。（《赤壁之战》）

三、文言文中的通假字

“通假”是古书上出现的字形临时借用的现象。一个汉字记录一个或几个词，通常是固定的。但由于种种原因，有的人在写文章时，弃本字不用，临时借用了一个音同或音近的字去通融替代。这种现象叫作通假。

术语辞典

通假字：中国古书的用字现象之一。“通假”就是“通用”“借代”的意思，即用读音相同或相近的字代替本字。通假字，音同本字，借来一用。因为古代的字不够多，所以用有限的字来表达意思。

初中阶段，教材中的部分通假字：

① 说：通“悦”，愉快。例：

不亦说乎。（《论语·学而》）

② 知：通“智”，智慧。例：

不知为不知，是知也。（《论语·为政》）

③ 不：通“否”。例：

尊君在不。（《陈太丘与友期》）

④ 有：通“又”。例：

吾十有五而志于学。（《论语·为政》）

⑤ 扳：通“攀”，牵，引。例：

日扳仲永环谒于邑人。（《伤仲永》）

⑥ 帖：通“贴”。例：

对镜帖花黄。（《木兰诗》）

⑦ 坐：通“座”，座位。例：

满坐寂然。（《口技》）

⑧ 止：通“只”。例：

止有剩骨。（《狼》）

⑨ 要：通“邀”，邀请。例：

便要还家。（《桃花源记》）

⑩ 有：通“又”，用来连接整数和余数。例：

舟首尾长约八分有奇。（《核舟记》）

⑪ 诎:通“屈”,弯曲。例:

卧右膝,诎右臂支船。(《核舟记》)

⑫ 衡:通“横”。例:

左手倚一衡木。(《核舟记》)

⑬ 甫:通“父”,男子美称,多附于字之后。例:

虞山王毅叔远甫。(《核舟记》)

⑭ 攀:通“扳”,往里拉。例:

右手攀右趾。(《核舟记》)

⑮ 曾:通“层”。例:

荡胸生曾云。(《望岳》)

⑯ 华:通“花”。例:

焜黄华叶衰。(《长歌行》)

⑰ 转:通“啭”,鸟叫声。例:

蝉则千转不穷。(《与朱元思书》)

⑱ 反:通“返”,返回。例:

经纶世务者,窥谷忘反。(《与朱元思书》)

⑲ 具:通“俱”,全,皆。例:

政通人和,百废具兴。(《岳阳楼记》)

⑳ 属:通“嘱”,叮嘱。例:

属予作文以记之。(《岳阳楼记》)

㉑ 羞:通“馐”,美味的食物。例:

玉盘珍羞直万钱。(《行路难》)

㉒ 直:通“值”,价值。例:

玉盘珍馐直万钱。(《行路难》)

㉓ 適:通“谪”,谪守。例:

发闾左適戍渔阳。(《陈涉世家》)

㉔ 唱:通“倡”,带头,倡导。例:

为天下唱,宜多应者。(《陈涉世家》)

㉕ 以：通“已”，已经。例：

固以怪之矣。（《陈涉世家》）

㉖ 被：通“披”，披着。例：

将军身被坚执锐。（《陈涉世家》）

㉗ 著：通“着”，遭受。例：

更著风和雨。（《卜算子·咏梅》）

㉘ 畔：通“叛”，背叛。例：

寡助之至，亲戚畔之。（《得道多助，失道寡助》）

㉙ 曾：通“增”，增加。例：

曾益其所不能。（《生于忧患，死于安乐》）

㉚ 衡：通“横”，梗塞，不顺。例：

困于心衡于虑而后作。（《生于忧患，死于安乐》）

㉛ 拂：通“弼”，辅佐。例：

入则无法家拂士。（《生于忧患，死于安乐》）

㉜ 偏：通“遍”，遍及，普遍。例：

小惠未徧，民弗从也。（《曹刿论战》）

㉝ 反：通“返”，往返。例：

寒暑易节，始一反焉。（《愚公移山》）

㉞ 惠：通“慧”，聪明。例：

甚矣，汝之不惠。（《愚公移山》）

㉟ 亡：通“无”，没有。例：

河曲智叟亡以应。（《愚公移山》）

㊱ 厝：通“措”，放置。例：

一厝朔东，一厝雍南。（《愚公移山》）

㊲ 陇：通“垄”，高地。例：

冀之南，汉之阴，无陇断焉。（《愚公移山》）

四、文言特殊句式

现代汉语习惯的常规语序，一般为“主—谓—宾”“定（状）—中心词”，即主语在谓语前，谓语在宾语前，修饰语在中心语前。古代汉语与现代汉语有较大差别，表达形式有许多不同之处。相对于现代汉语的句式而言，文言文有一些特殊句式，掌握这些句式，能帮助我们更好地阅读和理解文言文。

术语辞典

句子成分：句子的组成成分叫句子成分，也叫句法成分。在句子中，词与词之间有一定的组合关系，按照不同的关系，可以把句子分为不同的组成成分。句子成分由词或词组充当。在现代汉语里，一般的句子成分有八种，即主语、谓语、宾语、定语、状语、补语、中心语。

1. 判断句。

判断句是对事物的性质、情况、事物之间的关系作出肯定或否定判断的句子。

（1）用“……者，……也”表判断。例：

廉颇者，赵之良将也。（《廉颇蔺相如列传》）

（2）句末用“者也”表判断。例：

城北徐公，齐国之美丽者也。（《邹忌讽齐王纳谏》）

（3）用“者”表判断。例：

四人者：庐陵萧君圭君玉，长乐王回深父，余弟安国平父，安上纯父。（《游褒禅山记》）

（4）用动词“为”或判断词“是”表判断。例：

马超、韩遂尚在关西，为操后患。（《赤壁之战》）

问今是何世，乃不知有汉，无论魏晋。（《桃花源记》）

（5）用“为”表判断。例：

如今人方为刀俎，我为鱼肉。（《鸿门宴》）

（6）用“本”“则”“素”“亦”“乃”等副词表示肯定判断。例：

臣本布衣，躬耕于南阳。（《出师表》）

此则岳阳楼之大观也。（《岳阳楼记》）

且相如素贱人。（《廉颇蔺相如列传》）

鱼，我所欲也，熊掌亦我所欲也。（《鱼我所欲也》）

问今是何世，乃不知有汉。（《桃花源记》）

（7）用“非”表示否定判断。例：

子非我，安知我不知鱼之乐？（《庄子·秋水》）

（8）无标志判断句。例：

其剑自舟中坠于水，遽契其舟，曰：“是吾剑之所从坠。”（《刻舟求剑》）

2. 被动句。

被动句是指主语与谓语之间的关系是被动关系的句子，也就是说，主语是谓语动词所表示的行为的被动者、受事者，而不是主动者、实施者。被动句主要有两大类型：一是有标志的被动句，即借助一些被动词来表示；二是无标志的被动句，也叫意念被动句。

（1）古代汉语中有标志的被动句式。

① 用“于”表示被动关系。

用介词“于”引出行为的主动者，“于”放到动词后。它的形式是“动词 + 于 + 主动者”。例：

王建禽于秦。（《盐铁论·论儒》）

② 用“见”来表示被动关系。

在动词前用“见”或在动词后加“于”引进主动者。它的形式是“见 + 动词”或者“见 + 动词 + 于 + 主动者”。例：

秦城恐不可得，徒见欺。（《廉颇蔺相如列传》）

臣恐见欺于王而负赵。（《廉颇蔺相如列传》）

③ 用“为”表示被动关系。

“为”放在动词前面，引出行为的主动者。它的形式是“为＋主动者＋动词”或者“为＋主动者＋所＋动词”。例：

若背其言，臣死，妻子为戮，无益于君，不可悔也。（《左传·文公·文公十三年》）

今不速往，恐为操所先。（《赤壁之战》）

④ 用“受”“被”“受……于……”表示被动关系。

它的形式是“被（受）＋动词”或者“被（受）＋动词＋于＋主动者”。例：

信而见疑，忠而被谤，能无怨乎？（《屈原列传》）

吾不能举全吴之地，十万之众，受制于人。（《赤壁之战》）

（2）古代汉语中无标志的被动句。

无标志的被动句指不含有被动词的被动句，也叫做意念被动句，这种被动句没有明显的标志，但翻译时需要翻译成被动句。例：

荆州之民附操者，逼兵势耳。（《赤壁之战》）

3. 省略句。

虽然古今汉语都有成分省略，但在古汉语中，省略现象更为普遍，而且按照现代汉语习惯，一些不能省略的成分也都省略了。

（1）主语的省略。

① 承前省。例：

永州之野产异蛇，（蛇）黑质而白章；（蛇）触草木（草木）尽死；（蛇）以啮人，（人）无御之者。（《捕蛇者说》）

② 蒙后省。例：

沛公谓张良曰：“从此道至吾军，不过二十里耳。（公）度我至军中，公乃入。”（《鸿门宴》）

③ 自述省。例：

（予）爱是溪，入二三里，得其尤绝者家焉。（《愚溪诗自序》）

④ 对话省。例：

（孟子）曰：“独乐乐，与人乐乐，孰乐？”（王）曰：“不若与人。”（《孟子》）

（2）谓语的省略。例：

夫战，勇气也。一鼓作气，再（鼓）而衰，三（鼓）而竭。（《曹刿论战》）

（3）修饰语或中心词的省略。例：

吾妻之美我者，私我也；（吾）妾之美我者，畏我也；（吾）客之美我者，欲有求于我也。（《邹忌讽齐王纳谏》）

行一不义（事），杀一不辜（人），而得天下，皆不为也。（《孟子·公孙丑上》）

（4）宾语的省略。例：

屠惧，投（之）以骨。（《狼三则》）

（5）介词或介词宾语的省略。例：

死马且买之（以）五百金，况生马乎？（《千金求马》）

此人一一为（之）具言所闻。（《桃花源记》）

（6）分句的省略。例：

然力足以至焉，（而未至，）于人为可讥，而在己为有悔。（《游褒禅山记》）

4. 倒装句。

（1）状语后置（也叫介词短语后置）。

介词“以”“于”“乎”等后面带上宾语，组成介宾结构短语。这种介宾短语在现代汉语中一般放在动词或者形容词前面充当状语，而在古代汉语中，多数放在动词或者形容词后面充当补语。

① 动＋以＋宾。例：

申之以孝悌之义。（《寡人之于国也》）

② 动＋于（“乎”，相当于“于”）＋宾。例：

青，取之于蓝而青于蓝。（《荀子·劝学》）

君子博学而日参省乎己。（《荀子·劝学》）

③ 形＋于＋宾。例：

虽才高于世，而无骄尚之情。（《张衡传》）

（2）主谓倒装。

古汉语中为了强调谓语，有些感叹句或疑问句把谓语置于主语之前，一般用逗号将主谓隔开。在感情较强烈时，谓语由形容词充当。例：

甚矣，汝之不惠！（《愚公移山》）

(3) 宾语前置。

① 否定句中代词作宾语,宾语前置。例:

时人莫之许也。(《隆中对》)

② 疑问句中疑问代词作宾语,宾语前置。例:

沛公安在?(《鸿门宴》)

③ 以“是”“之”为宾语提前的标志。例:

何陋之有?(《陋室铭》)

(4) 定语后置。

① 中心词+之+后置定语+者。例:

马之千里者。(《马说》)

② 中心词+后置定语+者。例:

求人可使报秦者。(《廉颇蔺相如列传》)

③ 中心词+数量词。例:

闻道百。(《庄子·秋水》)

④ 中心词+之+后置定语。例:

蚓无爪牙之利,筋骨之强。(《劝学》)

拓展迁移

◎ 请再搜集一些例句,进一步掌握文言文中人称代词的用法。

◎ “乃”也是一个重要的文言虚词。查阅相关资料,说说下列例句中“乃”的用法。

今其智乃反不能及,其可怪也欤!(《师说》)

刿曰:“肉食者鄙,未能远谋。”乃入见。(《曹刿论战》)

臣乃敢上璧。(《廉颇蔺相如列传》)

王师北定中原日,家祭无忘告乃翁。(《示儿》)

当立者乃公子扶苏。(《陈涉世家》)

◎ 广义的通假字，还包括古今字和异体字。试搜集相关例子，并在平时的文言文学习中作好积累。

◎ 自主梳理文言句式的相关知识点，并将其应用于今后的文言文学习。

第二节　古诗绝咏

诗歌是中国文学中最早形成的文学体裁，发展也最为充分。现存的上古歌谣生动地反映了中华先民的生活情况和内心祈愿，其简短、生动的形式表现出中华民族语言的力量。诗歌的发展经历了“诗经—楚辞—乐府—赋—辞—唐诗—宋词—元曲”这一历程，语言形式也经历了四言、五言、七言三个阶段。

一、四言诗欣赏

术语辞典

四言诗：每句四个字的诗体。它是古代产生最早的一种中国诗歌体裁。《诗经》中的《国风》《小雅》《大雅》等都是以四言诗为基本体裁。从西周到春秋时期，社会上无论是上层还是下层，无论是娱乐场合还是祭祀场合，最流行的诗体就是四言诗。三国时期，曹操为四言诗画上了圆满的句号。

观　沧　海

［汉］曹　操

东临[①]碣石[②]，以观沧[③]海[④]。
水何[⑤]澹澹[⑥]，山岛竦峙[⑦]。
树木丛生，百草丰茂。
秋风萧瑟[⑧]，洪波[⑨]涌起。
日月[⑩]之行，若[⑪]出其中。
星汉[⑫]灿烂，若出其里。
幸甚至哉[⑬]，歌以咏志[⑭]。

【注释】

①临：登上，有游览的意思。②碣（jié）石：山名。碣石山，位于今河北昌黎，一说在河北乐亭。公元 207 年秋天，曹操征乌桓时经过此地。③沧：通“苍”，青绿色。④海：渤海。⑤何：多么。⑥澹澹（dàn dàn）：水波荡漾。⑦竦峙（sǒng zhì）：耸立。竦，通“耸”。⑧萧瑟：草木被秋风吹的声音。⑨洪波：此处指海上巨浪。⑩日月：太阳和月亮。⑪若：如同，好像是。⑫星汉：银河。⑬幸甚至哉：真是庆幸极了。甚，极其，很。至，极点。⑭歌以咏志：用诗歌来抒发情感或阐明心志。志，心志，理想。

【赏析】

题目《观沧海》是后人加的，原是《步出夏门行》第一章。《步出夏门行》，又名《陇西行》，属古乐府《相和歌・瑟调曲》。“夏门”原是洛阳北面西头的城门。从诗的内容看，与题意毫无关系，可见只是借古题写时事罢了。诗开头是序曲《艳》，正文是《观沧海》《冬十月》《土不同》《龟虽寿》四章。作于公元 207 年，曹操北征乌桓得胜回师途中。

从体裁看，这是一首古体诗；从表达方式看，这是一首写景抒情诗。“东临碣石，以观沧海”这两句话点明“观沧海”的位置：诗人登上碣石山顶，居高临海，视野寥廓，大海的壮阔景象尽收眼底。以下十句描写，概由此拓展而来。“观”字起到统领全篇的作用，体现了这首诗意境开阔、气势雄浑的特点。

“水何澹澹，山岛竦峙”既是诗人初望大海时所得的第一印象，也是诗人用绘画的手法，准确生动地描绘出大海的轮廓。在这水波荡漾的大海上，最先映入眼帘的是那突兀耸立的山岛，是它点缀在平阔的海面上，才使大海显得神奇而壮观。这两句写出了大海远景的一般轮廓，下面再层层深入描写。

“树木丛生，百草丰茂。秋风萧瑟，洪波涌起。”前两句具体写竦峙的山岛：虽然已到秋风萧瑟、草木摇落的季节，但岛上树木繁茂，百草丰美，给人诗意盎然之感。后两句则是对“水何澹澹”的进一层描写：定睛细看，在萧瑟的秋风中，海面竟是洪波巨澜，汹涌起伏。诗人面对萧瑟秋风、波涛汹涌的大海，极写大海的辽阔壮美：在秋风萧瑟中，大海汹涌澎湃，浩淼接天；山岛高耸挺拔，草木繁茂。其中没有丝毫萧瑟凄凉的悲秋情绪和感伤的情调。这种新的境界和新的格调，正反映了诗人“老骥伏枥，志在千里”的壮士胸襟。

“日月之行，若出其中。星汉灿烂，若出其里。”这四句则联系广阔无垠的宇宙，描绘出大海的气势和威力：茫茫大海与天相接，在这雄奇壮丽的大海面前，日、月、星、汉（银河）都显得渺小了，它们似乎都跟随着大海的吐纳而运行。诗人在这里描写的大海，既是眼前实景，又融进了自己的想象和夸张，展现出一派大海吞吐宇宙的宏伟景象。这是诗人将“眼中”景和“胸中”情交融而形成的艺术境界。可以看出，诗人拥有宏大的政治抱负、建功立业的雄心壮志以及对前途充满信心的乐观精神。

人物档案

曹操（155—220），字孟德，沛国谯县（今安徽亳州）人，东汉末年杰出的政治家、军事家、文学家、书法家。其诗多抒发自己的政治抱负，并反映汉末人民的苦难生活，深沉雄健，慷慨悲凉；其散文亦清峻整洁，开启并繁荣了“建安文学”，给后人留下了宝贵的精神财富。

二、五言诗欣赏

术语辞典

五言诗：每句五个字的诗体。相对于四言诗，五言诗既可以容纳更多词汇，从而扩展了诗歌的容量，也能够更细致灵活地抒情和叙事。在音节上，五言诗奇偶相配，也更富于音乐美。初唐以后产生了近体诗，其中既有五言律诗，也有五言绝句，因此，唐代以前的五言诗便被称为“五言古诗”或“五古”。

送　友　人

［唐］李　白

青山横北郭①，白水②绕东城。

此地一③为别④，孤蓬⑤万里征⑥。

浮云游子意⑦，落日故人情。

挥手自兹⑧去，萧萧⑨班马⑩鸣。

【注释】

①郭：古代在城外修筑的一种外墙。②白水：清澈的水。③一：助词，加强语气。④别：告别。⑤孤蓬：喻指远行的朋友。蓬，古书上说的一种植物，干枯后根株断开，遇风飞旋，也称“飞蓬”。⑥征：远行。⑦浮云游子意：曹丕《杂诗》：“西北有浮云，亭亭如车盖。惜哉时不遇，适与飘风会。吹我东南行，行行至吴会。”后世用为典实，用浮云飘飞不定来比喻游子四方飘游。浮云，飘动的云。游子，离家远游的人。⑧兹：这里，此处。⑨萧萧：马的呻吟嘶叫声。⑩班马：离群的马，这里指载人远离的马。

【赏析】

这是一首情意深长的送别诗，诗人通过对送别环境的刻画和气氛的渲染，表达出依依惜别之意。

首联的“青山横北郭，白水绕东城”，交代出了告别的地点。诗人已经送友人来到了城外，然而两人仍然并肩缓辔，不愿分离。只见远处，青翠的山峦横亘在外城的北面，波光粼粼的流水绕城东潺潺流过。这两句中“青山”对“白水”，“北郭”对“东城”，首联即写成工丽的对偶句，别开生面；而且“青”“白”相间，色彩明丽。“横”字勾勒出青山的静姿，“绕”字描画出白水的动态，用词准确而传神。这两句诗描摹出一幅寥廓秀丽的图景，虽然未见“送别”二字，但分明饱含着依依惜别之情。

颔联写离别的深情。“此地一为别，孤蓬万里征。”此处诗人借孤蓬来比喻友人的漂泊生涯。此地一别，友人就要像那随风飞舞的蓬草，飘到万里之外去了。这两句表达了诗人对朋友漂泊生涯的深切关怀。

颈联“浮云游子意，落日故人情”，写出分别时的寥阔背景：天边一片白云飘然而去，一轮红日正向着地平线徐徐而下。此时此景，更令诗人对友人的离去感到不舍。这两句写得十分工整，“浮云”对“落日”，“游子意”对“故人情”。此处诗人不仅写景，而且巧妙地用“浮云”“落日”作比，来表明自己的心意。友人就像天边的浮云，行踪不定，任意东西，不知道会漂泊到何处；那一轮红日徐徐而下，把最后的光线投向青山白水，仿佛不忍遽然离开。“浮云”“落日”在此处隐喻诗人对朋友依依惜别的心情。

尾联两句，情意更切。“挥手自兹去，萧萧班马鸣。”送君千里，终须一别。“挥手”写出了分离时的动作，而内心的感受诗人没有直说，只写了“萧萧班马鸣”的动人场景。诗人和友人在马上挥手告别，频频致意；那两匹马仿佛懂得主人的心情，也不愿脱离同伴，临别时禁不住萧萧长鸣，似有无限深情。末联借马鸣之声喻别离之声，衬托离情别绪。李白化用古典诗句，用一个“班”字，便翻出新意，烘托出缱绻情谊。

这首送别诗写得新颖别致，不落俗套。诗中青山、流水、红日、白云，相互映衬，色彩璀璨。班马长鸣，形象生动活泼。自然美与人情美交织在一起，显得有声有色，气韵生动。诗的节奏明快，感情真挚而又豁达乐观，完全没有缠绵悱恻的哀伤情调。

人物档案

李白（701—762），字太白，号青莲居士，又号“谪仙人”。唐代伟大的浪漫主义诗人，被后人誉为“诗仙”，与杜甫并称为“李杜”。

三、七言诗欣赏

术语辞典

七言诗：每句七字或以七字句为主的诗体。七言诗包括七言古诗和七言律诗。

七言古诗：简称“七古”。在古代诗歌中，七言古诗是形式最活泼、题材最多样、句法和韵脚的处理最自由、抒情叙事最富有表现力的一种诗歌形式。全诗每句七字或以七字句为主。它的特点是篇幅较长，容量较大，用韵灵活。

七言律诗：简称“七律”，属于近体诗范畴。七言律诗，格律严密，要求诗句字数整齐划一：每首诗八句，每句七个字，每两句为一联，共四联，分首联、颔联、颈联和尾联。

闻官军收河南河北①

［唐］杜　甫

剑外②忽传收蓟北③，初闻涕④泪满衣裳。
却看⑤妻子⑥愁何在⑦，漫卷⑧诗书喜欲狂⑨。
白日放歌⑩须⑪纵酒⑫，青春⑬作伴⑭好还乡。
即从巴峡穿巫峡⑮，便下襄阳⑯向洛阳⑰。

【注释】

①闻：听说。官军：指唐朝军队。②剑外：剑门关以南，这里指四川。③蓟北：泛指唐代幽州、蓟州一带，今河北北部地区，是安史叛军的据点。④涕：眼泪。⑤却看：回头看。⑥妻子：妻子和孩子。⑦愁何在：哀愁在哪里？即哀愁已无影无踪。⑧漫卷（juǎn）：随意、胡乱地卷起。⑨喜欲狂：高兴得简直要发狂。⑩放歌：放声高歌。⑪须：应，必。⑫纵酒：开怀畅饮。⑬青春：春天美好的景色。⑭作伴：与妻儿一同。⑮巫峡：长江三峡之一。⑯襄阳：今属湖北。⑰洛阳：今属河南。

【赏析】

本诗的主题是抒写忽闻叛乱已平的捷报，急于奔回老家的喜悦。首联开篇为“剑外忽传收蓟北”，起势迅猛，恰切地表现了捷报的突然。诗人多年漂泊“剑外”，备尝艰苦，想回故乡而不能，就是由于“蓟北”未收，安史之乱未平。如今“忽传收蓟北”，惊喜的洪流一下子冲开了诗人郁积已久的情感闸门，令诗人心中涛翻浪涌。“初闻涕泪满衣裳”，“初闻”紧承“忽传”，“忽传”表现捷报来得太突然，“涕泪满衣裳”则以形传神，表现突然传来的捷报在“初闻”的一刹那所激发的感情波涛。“蓟北”已收，战乱将息，诗人颠沛流离、感时恨别的日子总算过去了。然而诗人回想八年来熬过的重重苦难，又不禁悲从中来。可是，这一场浩劫终于过去了，诗人可以返回故乡了，人们也将开始新的生活，于是他又转悲为喜，喜不自胜。这“初闻”捷报之时的心理变化、复杂感情，诗人只用“涕泪满衣裳”五个字便作出形象的描绘。

颔联以转作承，落脚于“喜欲狂”，这是惊喜的更高峰。“却看妻子”“漫卷诗书”这两个连续性的动作，带有一定的因果关系。诗人在悲喜交集、“涕泪满衣裳”之时，自然想到多年来同受苦难的妻子儿女。“却看”这个动作极富意蕴，诗人似乎想向家人说些什么，但又不知从何说起。其实，无须说什么了，多年笼罩全家的愁云已无影无踪，亲人们都不再是愁眉苦脸，而是笑逐颜开。诗人再也无心伏案了，随手卷起诗书，与家人同享胜利的欢乐。

颈联“白日放歌须纵酒，青春作伴好还乡”，就“喜欲狂”作进一步抒写。“白日”既要“放歌”，还应“纵酒”，正是“喜欲狂”的具体表现。这句写“狂”态，下句则写“狂”想。在春天美好的景色中与妻子儿女一起，正好“还乡”。诗人想到这里，自然就会“喜欲狂”了。

尾联写诗人“青春作伴好还乡”的狂想。诗人身在梓州，而弹指之间，心已回到故乡。此处诗人的惊喜达到高潮。这一联，“巴峡”与“巫峡”，“襄阳”与“洛阳”，既各自对偶（句内对），又前后对偶，形成工整的地名对；而用“即从”“便下”绾合，使两句紧连，一气贯注，又形成一个活泼的流水对。再加上“穿”“向”的动态与两“峡”两“阳”的重复，不仅使这两句诗的文势、音调迅急犹如闪电，而且准确地表现了诗人想象的飞驰。这里诗人既展示想象，又描绘实境，用字高度准确：从“巴峡”到“巫峡”，峡险而窄，舟行如梭，用“穿”；出“巫峡”到“襄阳”，顺流急驶，用“下”；从“襄阳”到“洛阳”，已换陆路，用“向”。

全诗感情奔放，痛快淋漓地抒发了作者无比喜悦的心情。后代诗论家都极为推崇此诗。浦起龙在《读杜心解》中赞其为杜甫“生平第一首快诗也”。

人物档案

杜甫(712—770)，字子美，自号少陵野老。唐代伟大的现实主义诗人。世称"杜工部""杜少陵"。杜甫被世人尊为"诗圣"，其诗被称为"诗史"。杜甫与李白合称"李杜"。为了跟另外两位诗人李商隐与杜牧即"小李杜"区别开来，杜甫与李白又合称"大李杜"。

拓展迁移

◎ 读一读，背一背。

登金陵凤凰台

［唐］李　白

凤凰台上凤凰游，凤去台空江自流。
吴宫花草埋幽径，晋代衣冠成古丘。
三山半落青天外，二水中分白鹭洲。
总为浮云能蔽日，长安不见使人愁。

黄　鹤　楼

［唐］崔　颢

昔人已乘黄鹤去，此地空余黄鹤楼。
黄鹤一去不复返，白云千载空悠悠。
晴川历历汉阳树，芳草萋萋鹦鹉洲。
日暮乡关何处是？烟波江上使人愁。

第三节　古文撷英

中国的古文，也可以说是中国古代散文，是我国古代一种主要的文学形式。它源远流长，浩如烟海，绵延发展数千年，贯穿整个中国文学史。其中的经典名篇堪称文学殿堂中的瑰宝，展现出中华文化的神奇魅力。

术语辞典

古文运动：一般指唐宋古文运动。“古文”这一概念由韩愈最先提出。他把六朝以来讲求声律及辞藻、排偶的骈文视为俗下文字，认为自己的散文继承了两汉文章的传统，所以称“古文”。

唐宋八大家：又称唐宋古文八大家，是中国唐代韩愈、柳宗元和宋代苏轼、苏洵、苏辙、王安石、曾巩、欧阳修等八位散文家的合称。

陈太丘与友期行

［南北朝］刘义庆

陈太丘①与友期行②，期日中。过中③不至，太丘舍去④，去后乃至⑤。元方⑥时年七岁，门外戏⑦。客问元方：“尊君在不⑧？”答曰：“待君⑨久不至，已去⑩。”友人便怒，曰：“非⑪人哉！与人期行，相委而去⑫。”元方曰：“君与家君⑬期日中。日中不至，则⑭是无信；对子骂父，则是无礼。”友人惭⑮，下车引⑯之，元方入门不顾⑰。

【注释】

①陈太丘：陈寔（shí），曾任太丘长。太丘，县名。②期行：相约同行。期，约定。③过中：过了正午。④去：离开。⑤乃至：才到。乃，才。⑥元方：陈纪，字元方，陈寔的长子。⑦戏：玩耍。⑧尊君在不（fǒu）：你父亲在吗？尊君，对对方父亲的尊称。不，通“否”。⑨君：对对方的尊称，可译为“您”。⑩已去：已经离开。⑪非：不是。⑫相委而去：丢下我走了。相，偏指动作的一方。委，丢下，舍弃。⑬家君：谦词，对别人称自己的父亲。⑭则：就。⑮惭：感到惭愧。

⑯引：拉。⑰顾：回头看。

【译文】

陈太丘和朋友相约同行，约定的时间在正午。过了正午，朋友还没有到，陈太丘不再等候他而离开了。陈太丘离开后朋友才到。元方当时七岁，在门外玩耍。陈太丘的朋友问元方："你的父亲在吗？"元方回答道："我父亲等了您很久您却还没有到，已经离开了。"朋友便生气地说道："不是人啊！和别人相约同行，却丢下我走了。"元方说："您与我父亲约在正午，正午您没到，就是不讲信用；对着孩子骂父亲，就是没有礼貌。"朋友感到惭愧，下了车想去拉元方的手，元方头也不回地走进了家门。

【赏析】

《陈太丘与友期行》全文仅有103个字，却叙述了关于守信与不守信的一场辩论，刻画了三个有鲜明个性的人物，说明了为人处世应该讲礼守信的道理。用如此简短的文字，叙述了这样丰富的内容，可以说是言简意赅了。

文章的开头以"期行""期日中""不至""舍去""乃至"等几个关键词语，把事情、时间、起因交代得清清楚楚。而且，在这些交代中，还把守信和不守信的两个人物形象推到了读者面前。

文章的结尾，虽寥寥数语，却字字生辉。"惭""下""引"三个动词，把友人知错欲改的心态及行为刻画得入木三分。而"入门不顾"四个字，将元方鄙弃"无信"的倔强劲儿描绘得惟妙惟肖。在最能体现文章中心思想的第二层（子斥友人）中，尽管作者用了比开头和结尾要多得多的笔墨，但文字仍然十分精炼。单就叙述的句子来说，在叙述友人问元方时，由"问"到"怒"，感情急剧变化，充分表现了友人粗鲁无礼的性格。而在叙述元方批驳友人的怒斥时，则选用语气平和的"答曰""曰"这类词，表现出元方不惧怕友人的怒斥、知书达理、善于应对的性格。

《陈太丘与友期行》主要是通过人物的对话来揭示主题思想。这些人物对话虽然只有三言两语，但句句都紧扣文章中心，紧扣人物性格，体现人物鲜明的个性特征。文章写友人与元方的对话有三句。第一句"尊君在不？"开门见山，问得直截了当，毫无谦恭之意，初露友人性格的鲁莽。第二句"非人哉！"出言不逊，当着儿子骂父亲，这是不讲礼貌的行为，再露友人性格的粗鲁。第三句"与人期行，相委而去！"看似有理，实则无理。不反思自己的错误，反而将过错推到别人身上，更加暴露出友人的不讲道理。

文章写元方与友人的对话也有三句。第一句“待君久不至，已去”是针对友人的问话而作出的回答。元方不是正面回答友人提出的问题，而是先说“待君久不至”，再说“已去”。这样的回答，不仅把父亲为什么走说清楚了，为后面批驳友人的怒斥作了准备，而且话中有话，流露出对友人失约的反感。第二、第三句是对友人无理怒斥的反驳。第二句“君与家君期日中，日中不至，则是无信”是针对友人强调“期行”而说的。判断友人是守信还是失信，关键在于“期日中”，“日中不至”当然就是失信了。这一句抓住实质，击中要害，使友人无法辩驳。第三句“对子骂父，则是无礼”是针对友人出言不逊而说的。此句在指出友人“无信”的基础上，又指出友人“无礼”，步步紧逼，把友人逼到了无以言对的狼狈境地，最后友人不得不“惭”而“下车引之”。这些对话体现出人物鲜明的个性特征，虽然只有短短几句，但可以从中看出元方聪颖仁慧、知书达理的性格。

《陈太丘与友期行》一文细节微言，涵泳无穷。文章开头“陈太丘与友期行，期日中，过中不至，太丘舍去，去后乃至”这一句，尺寸之间起波澜，与下文元方的问答“待君久不至，已去”“君与家君期日中，日中不至”呼应。友人“问”“便怒”“惭”“下车引之”，一波三折。其间，友人先称元方父亲“尊君”，后突然口不择言，说元方父亲“非人哉”。这样的刻画，将人物情态体现得栩栩如生。元方在与友人的一问一答中，应对自如，宛若成人，表现出其鲜明的个性与独立的人格。

人物档案

刘义庆（403—444），字季伯，彭城（今江苏徐州）人，南朝宋文学家。自幼才华出众，爱好文学，并广招四方文学之士，聚于门下。撰有《世说新语》。

术语辞典

《世说新语》：原称《世说》，又称《世说新书》，南朝宋文学家刘义庆撰。主要记载东汉后期到魏晋间一些名士的言行与轶事，反映了当时文人的思想言行和上层社会的生活面貌。

伤[①] 仲 永

［宋］王安石

金溪[②]民方仲永，世隶耕。仲永生[③]五年，未尝识[④]书具[⑤]，忽啼求[⑥]之。父异[⑦]焉，借旁近[⑧]与[⑨]之，即书诗四句，并自为其名。其诗以养[⑩]父母、收族[⑪]为意[⑫]，传一[⑬]乡秀才观之。自是指[⑭]物作诗立就[⑮]，其文[⑯]理[⑰]皆有可观者。邑人[⑱]奇[⑲]之，稍稍[⑳]宾客[㉑]其父，或以钱币乞[㉒]之。父利其然[㉓]也，日[㉔]扳[㉕]仲永环[㉖]谒[㉗]于邑人，不使学。

余闻之也久。明道[㉘]中，从[㉙]先人[㉚]还家，于舅家见之，十二三矣。令作诗，不能称前时之闻[㉛]。又七年，还自扬州，复[㉜]到舅家，问焉，曰："泯然[㉝]众人矣。"

王子[㉞]曰：仲永之通[㉟]悟[㊱]，受之天也。其受之天也，贤[㊲]于材[㊳]人远矣。卒[㊴]之为众人，则其受于人者不至也。彼其[㊵]受之天也，如此其贤也，不受之人，且为众人。今夫不受之天，固众人；又不受之人，得为众人而已邪？

【注释】

①伤：哀伤，叹息。②金溪：地名，今江西金溪。③生：生长到。④识：认识。⑤书具：书写的工具（笔、墨、纸、砚等）。⑥求：要。⑦异：对……感到诧异。⑧借旁近：就近借来。旁近，这里指邻居。⑨与：给。⑩养：奉养，赡养。⑪收族：团结宗族，和同一宗族的人搞好关系。收，聚，团结。⑫意：主旨（中心或文章大意）。⑬一：全。⑭指：指定。⑮就：完成。⑯文：文采。⑰理：道理。⑱邑人：同乡人。⑲奇：对……感到惊奇（奇怪）。⑳稍稍：稍微，渐次，逐渐。㉑宾客：以宾客之礼对待。㉒乞：求取。㉓利其然：认为这样有利可图。利，认为……有利可图。㉔日：每天。㉕扳：通"攀"，牵，引。㉖环：四处，到处。㉗谒：拜访。㉘明道：宋仁宗赵祯年号（1032—1033）。㉙从：跟随。㉚先人：指王安石死去的父亲。㉛前时之闻：以前的名声。㉜复：又，再。㉝泯然：消失，

指原有的才能完全消失了。㉞王子：王安石的自称。㉟通：通达。㊱悟：聪慧。㊲贤：胜过，超过。㊳材：同“才”，才能。㊴卒：最终。㊵彼其：他。

【译文】

金溪有个叫方仲永的百姓，家中世代以耕田为业。仲永生长到五岁时，不曾认识书写的工具，忽然有一天哭着要这些东西。他的父亲对此感到诧异，就从邻居那里把那些东西借来给他。仲永立刻写下了四句诗，并写上自己的名字。这首诗以赡养父母、团结宗族为主旨，被全乡的秀才传阅、欣赏。从此，指定事物让他作诗，方仲永立刻就能完成，并且诗的文采和道理都有值得欣赏的地方。同乡的人对此感到惊奇，逐渐以宾客之礼对待他的父亲，有的人用钱财求取仲永的诗。方仲永父亲认为这样有利可图，就每天带领着仲永四处拜访同乡的人，不让他学习。

我听到这件事很久了。明道年间，我跟随父亲回到家乡，在舅舅家见到方仲永，那时他已经十二三岁了。我叫他作诗，写出来的诗已经不能与以前的名声相称。又过了七年，我从扬州回来，再次到舅舅家去，问起方仲永的情况，舅舅回答说：“他原有的才能完全消失了，和普通人一样了。”

我认为，方仲永的通达聪慧，是上天赋予的。他的天赋，远远胜过一般有才能的人。最终成为一个平凡的人，是因为他后天没有受到正常的教育。他的天赋是那样好，只因没有受到正常的后天教育，就成为普通的人。现在那些没有天赋，本来就普通的人，又不接受后天的教育，恐怕连普通人都不如吧？

【赏析】

这篇文章以方仲永的事例，强调了后天学习的重要性。

文题为“伤仲永”，文中却未见一个“伤”字，然而全篇写的正是一个“伤”字。这篇议论文，先叙后议，在事实叙述的基础上立论，事实成为立论的依据。第一、第二两段只叙不议，为第三段的议论服务；后面的议论，集中强烈、言简意赅，如画龙点睛，使前面所叙的事实立即升华，具有典型意义。

第一段叙述神童方仲永的故事。这里所记仲永的特异才能是传闻，与真实情形或有出入。然而作者真正用意并不在此，所以免不了用夸张的笔墨，处处突显出仲永天赋的特异。其一，不仅生五年不识文具，给纸笔即可写诗，而且能以“养父母”“收族”为主旨，“传一乡秀才观之”，可见影响之大。其二，仲永才思如涌，“指物作诗”一挥而就，而且文采、内容俱佳，博得“邑人奇之”，有以宾客之礼对待他父亲的，有向他求诗的，真是誉满全乡。作者如此描写突出了神童仲永的特异天资，为下文仲永因没有接受后天教育而“泯然众人”作了很好的铺垫，为“受之人”的立论打下了基础。文中的“利”字很有分量，不仅突出其父“不使学”的原因，也暗示急功近利对人才的危害。“不使学”是仲永由天才变为平庸者的关键，是本文议论的中心。

第二段，从作者亲身见闻的角度简略交代了仲永从神童沦为“众人”的过程。开头的“余闻之也久”，承上起下，一方面显示上段所写的内容是据传闻而得，另一方面又引出亲识其面的愿望。作者写了两次见闻。第一次是仲永十二三岁时。“令作诗，不能称前时之闻”，暗示在这七八年中，仲永的诗毫无长进。如果说五六岁儿童作的诗尽管稚拙，人们尚觉可观，那么七八年后写的诗反而不如以前听说的那样好，人们便非但不以为奇，且因先时之闻名而感到其名不副实了。第二次是仲永大约二十岁时。这次并未见面，只是听亲戚说：“泯然众人矣！”一句话就交代了这位从前的神童的结局。两次写法不同，但都极简练而有含蕴。“泯然众人矣”一语，把说话人漠然视之的态度生动地表现出来，与先前“邑人奇之”的情况恰成对照，而作者的惋惜感慨之意也隐见言外。

最后一段是作者对方仲永由一邑称奇的神童变成无声无息的普通人一事所发的议论，也是本文思想的集中体现。作者首先指出，仲永的聪明颖悟是“受之天”，即来自天赋，而且他的天赋远超于一般有才能的人。这正是为了反衬出下面的正意：“卒之为众人，则其受于人者不至也。”到这里，已将上两段所叙述的事都议论到了。但作者就势转进一层，指出天赋这样好的仲永，只因没有受到后天的培养教育，便沦为众人；那么天赋平常的人，如果再不受教育，可能连做一个普普通通的人都不行。前者是宾，后者是主，作者在对比中突出了一般人学习的重要性。虽然就方仲永的情况看，这层议论仿佛是余波，但是作者主要的用意正在这里，因为在现实生活中，资质平常的人总是多数。方仲永这一典型事例的意义主要不在于说明天赋好的人不学习会造成什么后果，而在于说明后天教育对一个人成长的决定意义。

题内的“伤”字就具有多层意蕴。首先是表层的，为仲永这样一个天资聪颖的孩子最终沦为普通人感到惋惜；进一层，是感慨仲永虽有天赋，却没有遇上有利于他成长和提升的环境。文中对其父以仲永为获利之资的叙写，就含有对泯灭天才的人为环境的批评。更进一层，从仲永的具体事例生发开来，感慨社会上许多资质平常的人不去努力学习提高，以致连成为普通人都不可能。这样，作者所"伤"的就不再局限于仲永个人，而是许许多多不"受之天"又"不受之人"的普通人，因此，作者的感慨和文章的思想意义也就深刻多了。

这篇文章的语言十分精当。叙事部分仅以一百五十多字就完整地叙述了方仲永从五岁到大约二十岁之间才能变化的过程，议论部分也不过七十多字。文中的每一词、句都有其确切的表达作用，而不是可有可无的。例如第一段，首句交代仲永的籍贯、身份、姓名、家世，这不仅是必不可少的一般介绍，而且"世隶耕"三字是对"未尝识书具""不使学"的必要铺垫，既衬托了方仲永的非凡天资，又暗示了造成他命运的家庭背景；一个"啼"字，生动地写出方仲永索求书具的情态；"忽""即""立"三个字，使一个天资非凡、文思敏捷的神童形象跃然纸上；"日扳仲永环谒于邑人"，仅一句话就刻画出方仲永父亲贪图小利而自得的可悲可叹的愚昧无知之态；"不使学"三字，看似平淡，却为方仲永的变化埋下伏笔，点出方仲永命运变化的关键。第二段叙事极为简要，仅以"见""闻""问"三字就交代了方仲永后来的变化和结局。结尾的议论部分言简意深，说理严谨。

人物档案

王安石（1021—1086），字介甫，号半山，抚州临川（今江西抚州）人，北宋著名思想家、政治家、文学家。其散文简洁峻切，短小精悍，论点鲜明，逻辑严密，有很强的说服力，充分发挥了古文的实际功用。名列"唐宋八大家"。文集今有《王文公文集》《临川先生文集》两种。

为学[1]一首示子侄

[清]彭端淑

天下事有难易乎？为之，则难者亦易矣；不为，则易者亦难矣。人之为学有难易乎？学之，则难者亦易矣；不学，则易者亦难矣。吾资[2]之昏，不逮人也；吾材之庸[3]，不逮[4]人也；旦旦[5]而学之，久而不怠[6]焉，迄乎成，而亦不知其昏与庸也。吾资之聪，倍人也；吾材之敏，倍人也；屏弃而不用，其与昏与庸无以异也。圣人之道，卒于鲁也传之。然则昏庸聪敏之用，岂有常哉！

蜀[7]之鄙[8]有二僧，其一贫，其一富。贫者语[9]于富者曰："吾欲[10]之南海，何如[11]？"富者曰："子何恃[12]而往？"曰："吾一瓶一钵[13]足矣。"富者曰："吾数年来欲买舟而下，犹未能也。子何恃而往！"越明年，贫者自[14]南海还，以告富者，富者有惭色[15]。西蜀之去南海，不知几千里也，僧之富者不能至，而贫者至焉。人之立志，顾[16]不如蜀鄙之僧哉[17]！

是故聪与敏，可恃而不可恃也；自恃其聪与敏而不学者，自败者也。昏与庸，可限而不可限也；不自限其昏与庸而力学不倦者，自力者也。

【注释】

①为学：做学问。②资：天资。③庸：平庸。④逮：及。⑤旦旦：天天。⑥怠：懈怠。⑦蜀：今四川一带。⑧鄙（bǐ）：边远的地方。⑨语（yù）：告诉，对……说。⑩欲：想要，要。⑪何如：怎么样。⑫恃：凭借，倚仗。⑬钵：佛教徒盛饭的碗。⑭自：从。⑮惭色：惭愧的神色。⑯顾：难道。⑰哉：表示反问语气，相当于"吗"。

【译文】

天下的事情有困难和容易的区别吗？只要肯做，那么困难的事情也变得容易了；如果不做，那么容易的事情也变得困难了。人们做学问有困难和容易的区别吗？只要肯学，那么困难的学问也变得容易了；如果不学，那么容易的学问也变得困难了。

我天资愚笨，不及别人；我才能平庸，不及别人。我天天学习，长久坚持不懈怠，等到成功了，也就不知道我愚笨又平庸了。我天资聪明，超过别人；我才学敏捷，超过别人。如果我摒弃它们不用，那就与愚笨平庸之人没什么区别了。孔子的学说，最终是由迟钝的曾参传下来的。从这些来看，那么愚笨平庸与聪明敏捷的作用难道是一成不变的吗？

四川边远的地方有两个和尚，其中一个贫穷，其中一个富裕。穷和尚对富和尚说："我想要到南海去，你看怎么样？"富和尚说："你凭借什么去呢？"穷和尚说："我只需要一个盛水的瓶、一个盛饭的碗就足够了。"富和尚说："我几年来想要雇船沿着长江下游而(去南海)，尚且没有成功。你凭借着什么去！"到了第二年，穷和尚从南海回来了，把到过南海这件事告诉富和尚，富和尚的脸上露出了惭愧的神色。

四川距离南海，不知道有几千里路，富和尚不能到达，可是穷和尚到达了。一个人立志求学，难道不如四川边远的地方的穷和尚吗？

因此，聪明与敏捷，可以依靠，但也不可以依靠；仗着自己聪明和敏捷却不努力学习的人，是自己毁了自己。愚笨和平庸，可以限制又不可以限制；不被自己的愚笨和平庸所局限而努力学习不懈怠的人，是靠自己的努力学成的。

【赏析】

这个故事告诉我们，只有立下了目标，努力去实现，才会获得成功。主观努力是成败的关键。人贵立志，事在人为。人要立长志，不要常立志。人之为学，贵在立志，无论客观条件好坏、天资高低，关键在于主观努力。

"吾一瓶一钵足矣"中的两个"一"字表现出贫者对物质的要求极低，而一个"足"字体现了贫者战胜困难的坚定信心、无所畏惧的坚强意志和敢于大胆实践的精神。

文中以四川两个和尚去南海的故事为例，生动形象地说明了难与易的辩证关系，告诉我们事在人为的道理。

人物档案

彭端淑(约1699—约1779)，字仪一，号乐斋，四川丹棱人，清代文学家。与李调元、张问陶并称"清代四川三才子"。论文宗仰司马迁、韩愈，论诗推崇陶潜、杜甫。所作散文气势雄厚，笔力刚健。著有《白鹤堂文集》《晚年诗稿》等。

拓展迁移

◎ 读一读周处自新的故事，比较周处和方仲永两个人物，谈谈你获得的启示。

周处年少时，凶强侠气，为乡里所患。又义兴水中有蛟，山中有邅迹虎，并皆暴犯百姓。义兴人谓为“三横”，而处尤剧。

或说处杀虎斩蛟，实冀三横唯余其一。处即刺杀虎，又入水击蛟。蛟或浮或没，行数十里。处与之俱，经三日三夜，乡里皆谓已死，更相庆。

竟杀蛟而出，闻里人相庆，始知为人情所患，有自改意。

乃入吴寻二陆，平原不在，正见清河，具以情告，并云：“欲自修改，而年已蹉跎，终无所成。”清河曰：“古人贵朝闻夕死，况君前途尚可。且人患志之不立，亦何忧令名不彰邪？”处遂改励，终为忠臣孝子。

（选自《世说新语》）

第四节 《韩非子》寓言

中国古代寓言是中华文化宝库中一颗璀璨的明珠，它们虽短小精炼，却蕴藏着许多哲理，告诫人们如何正确地为人处事，给人们带来了深刻的智慧启迪。自先秦开始，我国就涌现出许多哲理性很强的寓言，《韩非子》中的寓言更是广为流传，堪称古代寓言中的上品之作。

术语辞典

寓言：用比喻性的故事来寄托意味深长的道理，给人以启示的文学体裁。它虽字数不多，但言简意赅。寓言故事的主人公可以是人，也可以是拟人化的动植物或其他事物。

守株待兔

宋人有耕田者。田中有株①，兔走②触③株，折④颈而死。因⑤释⑥其耒⑦而守株，冀⑧复⑨得⑩兔。兔不可复得，而身⑪为⑫宋国笑。今欲⑬以先王之政，治当世之民，皆守株之类也。

【注释】

①株：树桩。②走：跑。③触：撞到。④折：折断。⑤因：于是，就。⑥释：放下。⑦耒(lěi)：一种耕田的农具。⑧冀：希望。⑨复：又，再。⑩得：得到。⑪身：自己。⑫为：被。⑬欲：想用。

【译文】

宋国有个农民，他的田地中有一个树桩。一天，一只跑得飞快的野兔撞到树桩上，扭断脖子死了。于是，农民放下他的农具，每天守在树桩旁边，希望能再得到一只野兔。结果野兔不可能再次得到，他自己却被宋国人耻笑。现在居然想用过去的治国方略来治理当今的百姓，这都是在犯守株待兔一样的错误呀！

【寓意】

这个故事批判了不知变通、死守教条的思想方法。成语“守株待兔”，比喻妄想不劳而获，或死守狭隘的经验而不知变通。

自相矛盾

楚人有鬻[①]盾[②]与矛[③]者，誉[④]之曰：“吾盾之坚，物莫能陷[⑤]也。”又誉其矛曰：“吾矛之利[⑥]，于物无不陷也。”或[⑦]曰：“以[⑧]子[⑨]之矛，陷子之盾，何如[⑩]？”其人弗[⑪]能应[⑫]也。夫不可陷之盾与无不陷之矛，不可同世而立。

【注释】

①鬻（yù）：卖。②盾：盾牌，古代作战时遮挡刀剑用。③矛：古代用来刺杀敌人的长柄兵器。④誉：夸耀，赞誉。⑤陷：穿透，刺穿。⑥利：锋利，锐利。⑦或：有人。⑧以：用，使用。⑨子：您，对人的尊称。⑩何如：怎么样。⑪弗：不。⑫应：回答。

【译文】

楚国有个卖矛和盾的人，他夸耀自己的盾，说：“我的盾坚固无比，任何东西都不能够穿透它！”又夸耀自己的矛，说：“我的矛很锐利，没有东西是它不能够刺穿的！”有人问他：“如果用您的矛去刺您的盾，会怎么样？”楚国人张口结舌，不能回答。什么都不能刺穿的盾与什么都能穿透的矛，不可能同时存在于这个世界上。

【寓意】

故事中的主人公同时夸耀自己所卖的矛和盾，因自相矛盾而不能自圆其说，从而陷入尴尬境地。所以我们说话、办事要尊重事实，讲究逻辑，不能自相矛盾，自己也说服不了自己。故事告诫人们，说话、办事要实事求是。

郑人买履

郑[①]人有且[②]置[③]履[④]者，先[⑤]自度[⑥]其足，而置[⑦]之其[⑧]坐。至[⑨]之[⑩]市，而忘操[⑪]之。已得履，乃[⑫]曰：“吾忘持[⑬]度[⑭]。”反归取之。及[⑮]反[⑯]，市罢[⑰]，遂[⑱]不得履。人曰：“何不试之以[⑲]足？”曰：“宁[⑳]信度，无[㉑]自信[㉒]也。”

【注释】

①郑：郑国，今河南新郑。②且：将要，准备。③置：买。④履：鞋。⑤先：首先，事先。⑥度（duó）：动词，测量。⑦置：放，搁。⑧其：代词，他的，指郑人

的。⑨至：等到。⑩之：动词，前往。⑪操：拿，携带。⑫乃：于是，这才。⑬持：拿。⑭度（dù）：名词，量好的尺码。⑮及：等到。⑯反：通“返”，返回。⑰罢：引申为散了、完结的意思。⑱遂：于是，就。⑲以：用。⑳宁（nìng）：宁可，宁愿。㉑无：不能，不可。㉒自信：相信自己。

【译文】

郑国有个准备买鞋子的人，事先自己测量好脚的尺码，然后把量好的尺码放在他的座位上。等到前往集市，却忘了携带量好的尺码。已经挑好了鞋子，才说：“我忘记带量好的尺码了。”于是返回家去取量好的尺码。等到他返回集市的时候，集市已经散了，于是他没能买到鞋子。有人问：“为什么不用你的脚去试一试鞋的大小呢？”他说：“我宁可相信量好的尺码，也不相信自己的脚。”

【寓意】

这个郑国人只相信量好的尺码，却不相信自己的脚，不仅闹出了大笑话，而且连鞋子也买不到，最终成了笑柄。

有的人说话、办事、想问题，只从书本出发，不从实际出发；书本上写到的，他就相信，书本上没有写而实际存在着的，他却不相信。在这种人看来，只有书本上写的才是真理。

这则寓言讽刺了那些墨守成规的教条主义者，说明因循守旧、不思变通的人终将一事无成。

人物档案

韩非（约前280—前233），战国末期著名思想家、法家代表人物。出身韩国贵族，与李斯同师事荀况，著《孤愤》《五蠹》《说难》等十万余言，为秦王政所重视。后世称“韩子”或“韩非子”。著有《韩非子》。

拓展迁移

◎ 借助工具书，读一读《智子疑邻》这个小故事，把你的理解分享给身边的人。

宋有富人，天雨墙坏。其子曰："不筑，必将有盗。"其邻人之父亦云。暮而果大亡其财。其家甚智其子，而疑邻人之父。

第三章
礼仪之邦美名扬

中国自古就是礼仪之邦，礼仪文明作为中国传统文化的一个重要组成部分，对中国社会的发展具有广泛而深远的影响。中华礼仪源远流长，内容丰富，涉及社会生活的方方面面。

第一节　传统亲友称谓

各个民族都有表示家庭成员关系的亲属称谓。亲属称谓指的是以本人为中心确定亲族成员和本人关系的名称，是基于血亲、姻亲的亲属之间相互称呼的名称、叫法，是确定亲属与本人关系的标志。中国人的亲属称谓很复杂，但汉族的亲属称谓依旧是条理分明、尊卑有序。亲属称谓是中华民族独特的历史文化资产。

术语辞典

家庭：在婚姻关系、血缘关系或收养关系基础上产生的，以情感为纽带的亲属之间所构成的社会生活单位。

亲属关系：婚姻、血缘和法律拟制而形成的社会关系。

一、直系亲属称谓

直系亲属，指和自己有直接血缘关系或婚姻关系的人，即直系血亲和直系姻亲，如配偶、父母、子女、祖父母、外祖父母、孙子女、外孙子女。

直系血亲是指彼此之间有直接血缘联系的亲属，具有生与被生的关系，包括生出自己的长辈（父母、祖父母）和自己生出来的晚辈（子女、孙子女等）。直系血亲除自然直系血亲外，还包括法律认可的直系血亲，如养父母与养子女、养祖父母与养孙子女、有抚养关系的继父母与继子女等。

直系姻亲即配偶的直系血亲，包括儿媳与公公、婆婆，女婿与岳父、岳母。

以下列举直系亲属称谓：

曾祖辈：曾祖父、曾祖母、外曾祖父、外曾祖母。

祖父辈：祖父、祖母、外祖父、外祖母。

父辈：父亲、母亲。

子辈：儿子、女儿。

孙辈：孙子、孙女、外孙、外孙女。

曾孙辈：曾孙、曾孙女、外曾孙、外曾孙女。

二、旁系亲属称谓

旁系亲属指直系亲属以外在血统上和自己同出一源的人及其配偶，如侄子、侄媳、兄、嫂、伯父、伯母、舅父、舅母等。三代以内旁系血亲是在血缘上和自己同出于三代以内的亲属。这里的三代是从自己开始计算为一代的三代。

以下列举旁系亲属称谓：

同源于父母：胞兄、胞弟、胞姐、胞妹。

同源于祖父母：伯父、叔父、姑母，堂兄、堂弟、堂姐、堂妹，姑表兄、姑表弟、姑表姐、姑表妹。

同源于外祖父母：舅父、姨母，舅表兄、舅表弟、舅表姐、舅表妹，姨表兄、姨表弟、姨表姐、姨表妹。

三、中国传统称谓

在中国传统文化中，人们在称呼亲属时，常常会用到“家”“舍”“亡”“先”“犬”“小”这几个字。

1. 家。

在称谓中加入“家”字，可以用来称比自己辈分高或年长的活着的家人，含有谦恭平常之意，如称父亲为“家父”“家严”，称母亲为“家母”“家慈”，称丈人（妻子的父亲）为“家岳”，称祖父为“家祖”，以及称亲哥为“家兄”，等等。

2. 舍。

在称谓中加入“舍”字，可以用来称比自己辈分低或年纪小的亲属，如称弟弟为“舍弟”，称妹妹为“舍妹”，称侄子为“舍侄”，但不称儿子、女儿为“舍儿”“舍女”。

3. 先。

在称谓中加入“先”字，表示已死，是对已死长者或地位高的人的尊称，如对已离世的父亲称“先父”“先人”“先严”“先考”，对已离世的母亲称“先母”“先妣”“先慈”，对已故祖父称“先祖”，对已故的皇帝称“先皇”，对已逝的有才德的人称“先贤”，等等。

4. 亡。

在称谓中加入“亡”字，可以用于称呼已逝亲友，如亡妹、亡儿、亡夫、亡妻、亡友。

5. 犬。

在称谓中加入“犬”字，用于对自己年幼涉世不深的子女的谦称，如犬子、犬女等。

6. 小。

在称谓中加入“小”字，是常用来称自己儿女的谦词，如小儿、小女等。

7. 太、大。

在称谓前加“太”或“大”，表示再长一辈，如称帝王的母亲为“太后”，称祖父为“大(太)父”，称祖母为“大(太)母”。

8. 令、尊、贤等。

“令”，意思是美好，敬辞，用于称呼对方的亲属，如令尊(对方的父亲)、令堂(对方母亲)、令阃(对方的妻子)、令兄(对方的哥哥)、令郎(对方的儿子)、令爱(对方的女儿)。

“尊”，敬辞，用来称与对方有关的人或物，如尊上(对方父母)、尊公、尊君、尊府（对方父亲）、尊堂（对方的母亲）、尊亲（对方的亲戚）、尊驾（对方）、尊命（对方的嘱咐）、尊意（对方的意思）。

“贤”，敬辞，用于平辈或晚辈，如贤家（对方）、贤郎（对方的儿子）、贤弟（自己或对方的弟弟）。

“仁”，敬辞，用于称对方，如尊称同辈友人或兄长为“仁兄”，称地位高的人为“仁公”。

9. 古代兄弟排行称谓。

古代以伯、仲、叔、季来表示兄弟间的排行顺序，伯为老大，仲为老二，叔为老三，季排行最小。父之兄称“伯父”，父之次弟称为“仲父”，仲父之弟称为“叔父”，最小的叔叔称“季父”，后来父之弟都统称为“叔父”。

10. 六亲。

“六亲”即六种亲属。对六亲的说法，大致有以下几种：(1)指父子、兄弟、姑姐、甥舅、婚媾、姻娅；(2)指父子、兄弟、夫妇；(3)指父、母、兄、弟、妻、子。较早的说法是指父、母、兄、弟、妻、子，泛指亲属。

四、古代朋友称谓及典故

1. 君子之交。

意思是贤者之间的交情，平淡如水，不尚虚华。出自《庄子·山木》：“且君子之交淡若水，小人之交甘若醴。”

2. 金石之交。

指友情非常深厚，好像金石般坚固。出自《汉书·韩信传》：“今足下虽自以为与汉王为金石交，然终为汉王所擒矣。”

3. 莫逆之交。

指情投意合、极其要好的朋友。莫逆：没有抵触，感情融洽。交：交往，友谊。出自《庄子·大宗师》："四人相视而笑，莫逆于心，遂相与为友。"

4. 刎颈之交。

指情谊深厚，可以同生死共患难的朋友。出自《廉颇蔺相如列传》："卒相与欢，为刎颈之交。"

5. 杵臼之交。

比喻交友不计贫富，不论贵贱。杵：舂米的木棒。臼：石臼。杵臼：舂米的棒槌与石臼。出自《后汉书·吴祐传》："时公沙穆来游太学，无资粮，乃变服客佣，为祐赁舂。祐与语大惊，遂共定交于杵臼之间。"

6. 忘形之交。

指不拘身份、形迹的知心朋友。出自《吴中故语·魏守改郡治》："然蒲圻爱彼殷勤，竟遂弃寐告，为忘形之交。"

7. 忘年之交。

指年龄辈分不相同的人结交而成的朋友。出自《后汉书·祢衡传》："衡始弱冠，而融年四十，遂与为交友。"

知识延伸

"连襟"趣话

"连襟"是姊妹之夫的互称或合称。在我国民间，姐妹的丈夫被俗称为"一担挑"，而在书面语中他们则被雅称为"连襟"。"连襟"的来历与我国著名的诗人杜甫、洪迈有关。这个词语最早出现在杜甫笔下。杜甫晚年寓居川东，结识了当地一位姓李的老翁，细聊起来，两家还是拐弯抹角的亲戚，两人非常投缘，经常一起聊天喝酒。后来杜甫要出峡东下湖湘，临别之际，写了首《送李十五丈别》的诗，用来回忆叙述与李翁的结交经过，有一句是“人生意气合，相与襟袂连”，形容彼此关系密切，像衣服的襟与袖一样。北宋末年，洪迈有个堂兄在泉州做幕宾，很不得志，其妻子的姐夫在江淮一带做节度使，帮他写了一封荐书，推荐他去京城供职。洪迈的这位堂兄很感激，托洪迈替自己写了一份谢启，里面便有“襟袂相连”一句。这里的“襟袂相连”就是形容姐妹的丈夫之间的密切关系。

“岳父”“岳母”的由来

古代帝王常临名山绝顶，设坛祭天地山川，晋封公侯百官，史称“封禅”。一次，唐玄宗李隆基在泰山封禅，由中书令张项担任封禅使，于是张项将女婿郑镒的官职等级由九品一下子提到五品。后来玄宗问起郑镒升迁的事，郑镒支支吾吾，无言以对，旁边的黄幡绰讥笑他：“此乃泰山之力也。”玄宗这才知道张项徇私，因此很不高兴，不久就把郑镒降回九品。后来，人们知道此事，就把妻父称为“泰山”，又因泰山乃五岳之首，所以称“岳父”。同时，把妻母称为“岳母”。

拓展迁移

◎ 读典故，猜成语。

有一个成语，意思是贫困时结交的知心朋友。出处是《后汉书·宋弘传》：“（光武帝）谓弘曰：‘谚言贵易交，富易妻，人情乎？’弘曰：‘臣闻贫贱之知不可忘，糟糠之妻不下堂。’”

猜一猜，是哪一个成语。

◎ 你还知道哪些古代朋友称谓？说说其出处和含义。

第二节　古代家训

家训对传统宗族教育起了很大作用，是家谱中的重要组成部分。在国家动荡和国法不明确的时候，家族为了维持必要的法规制度，就拟定一定的行为规范来约束家族成员。这便是家训的最早起源。家训可以发挥稳定社会秩序的作用。

端蒙养和重家教是中华民族的优良传统。家训是中国历史上家长用于训诫、教育子孙后代的文字，是中国家庭伦理最集中的体现与解说。中国古代家训是中国传统文化的一部分。从先秦到明清时期，我国流传下来的家训数不胜数，有的堪称经典，这些经典家训是构建良好家风的重要基础。遵循积极向上家训的家庭，其家风必然是正向积极发展的。

术语辞典

家训：家庭对子孙立身处世、持家治业的教诲。

一、古代家训体式

中国古代家训不仅包括家诫、家规、家范、家箴、庭诰、遗训等，也包括父兄以及其他长辈写给子弟等晚辈的劝谕性家书。家训大致可以分为家范和家书两大类。

1．家范。

这类家训是专门写下来，立书存照，训诫家中子弟并传至后代的。它们的特点是比较系统，一般对修身、治家、处世、教子等几个方面进行条分缕析，有些甚至对长幼如何行礼、子孙如何祭祀、来往亲戚如何接待等，都一一作出规定。

属于家范的有很多，包括：家诫，如西晋李秉的《家训》；庭诰，如清代康熙的《庭训格言》；家训，如南北朝颜之推的《颜氏家训》、南宋陆游的《放翁家训》、清代朱柏庐的《朱子家训》；家范，如宋代司马光的《家范》；家箴，如元代郝经的《家人箴》；家规，如明代徐三重的《家则》；遗令，如三国时期向朗的《遗言戒子》等。

2. 家书。

具有训诫意义的家书是家训的重要组成部分。家书因人而异，随事而写，有感而发，尽管不是很系统，但是富有情感，语义悠长，词气真切，后世读来仍有荡气回肠之感。与家训相比，家书往往饱含娓娓道来的长者之言，更具有感染力，更能启发、教育和鼓舞后代。

有的家书直接点出了训诫后代的主题，如西汉刘向的《诫子歆书》等；有的家书则隐含劝谕、训诫之意，如唐代颜真卿的《与绪汝书》等。

二、古代家训内容

一般来讲，家训的内容主要集中在修身、处世、治家、为学、立志、气节、为政等几个方面，其中最主要的是修身、处世和治家。

1. 修身。

我国传统儒家以修身为教育八条目之一，修养身心也是古人追求自我成长的首要条件。修身的具体行为表现在日常生活中就是择善而从、博学于文并约之以礼。古人通常认为一个人即便学了再多的知识，看了再多的书，却没有办法约束自己的言行以符合礼仪的规范，并帮助他人成就善道，那所学也无非是“水月道场，梦中佛事”。

2. 处世。

家训教人“处世”，其中包含了待人接物、社会交往方面的规范和准则。在完成修身任务后，作为社会成员的古人开始思考和实践待人接物过程中需要遵循的基本规范，探索与人相处、与事相处、与物相处的基本准则，进而形成具有家族特色的处世之道。

3. 治家。

古代家训主要是在家庭范围内产生效力的约束性文本，因此其主要内容是“治家”。“治家”不仅仅是强调父慈子孝，还包括对宗族立法、墓域祠堂等方面进行规定。古代家训中提倡的勤俭为本、安贫乐道、耕读传家、教子当早、教子当严等思想，都是应该加以弘扬的。

三、古代家训的主要作用

家庭生活作为社会生活的基本要素，需要家庭从内部自发地适应外部社会环境，这种家庭的社会化过程，客观上促使了家训的产生。在缺乏现代的以学校为核心媒介的教育机制的传统社会中，家庭实际上是儿童社会化最重要的场所。在这样的背景下，制定一套家庭教育的规范，使家庭与社会相适应，就显得尤为重要。

四、古代家训的经典范例

1. 立身篇。

夫君子之行，静以修身，俭以养德。非淡泊无以明志，非宁静无以致远。夫学须静也，才须学也，非学无以广才，非志无以成学。

——[三国蜀]诸葛亮《诫子书》

原文大意：有道德修养的人，靠沉静来修养身心，靠简朴来培养自己高尚的品德。不恬淡寡欲，看轻名利，就不会明确志向。不寂寞清静，就无法实现远大抱负。学习必须安心静气，才干必须从学习中求得。如果不学习，就不能增长自己的才智。如果没有远大志向，就不能使学业获得成功。

立志之始，在脱习气。习气薰人，不醪而醉。

——[明]王夫之《示子侄》

原文大意：一个人的成功是始于立志的，立志的开始要脱离低俗、恶俗和庸俗之气。因为这种“习气”一直在潜移默化地影响着人，甚至你还满心欢喜地热衷于它。所谓“不醪而醉”，就是说，还没开始酿酒人就醉得不成样子了！

礼云：“欲不可纵，志不可满。”宇宙可臻其极，情性不知其穷。唯少欲知足，为立涯限尔。

——[北齐]颜之推《颜氏家训》

原文大意：《礼记》里说：“人不能放纵欲望，不可以志得意满。”宇宙虽然很大，但有它的极限，然而人的欲望却是没有边际的，所以只有减少欲望，让内心满足，以此来给自己设定一个界限。

玉不琢，不成器；人不学，不知道。然玉之为物，有不变之常德，虽不琢以为器，而犹不害为玉也。人之性，因物而迁，不学，则舍君子而为小人，可不念哉？

——[宋]欧阳修《诲学说》

原文大意：如果玉不琢磨，就不能制成器物；如果人不学习，就不会懂得道理。然而玉这种东西，有它永恒不变的特性，即使不琢磨制作成为器物，也还是玉，它的特性不会受到损伤。而人的本性受到外界事物的影响就会发生变化。因此，人们如果不学习，就要失去君子的高尚品德，从而变成品行恶劣的小人，难道不值得深思吗？

2. 治家篇。

“由俭入奢易，由奢入俭难。吾今日之俸岂能常有？身岂能常存？一旦异于今日，家人习奢已久，不能顿俭，必致失所。岂若吾居位、去位、身存、身亡，常如一日乎？”呜呼！大贤之深谋远虑，岂庸人所及哉！

——[宋]司马光《训俭示康》

原文大意：“由节俭变得奢侈很容易，由奢侈变得节俭却困难了。像我现在这么高的俸禄难道能够一直拥有？身躯难道能够一直活着？如果有一天我罢官或死去，情况与现在不一样，家里的人习惯奢侈的时间已经很长了，不能立刻节俭，那时候一定会导致没有存身之地。哪如无论我做官还是被罢官，活着还是死去，家里的生活情况都永久如同一天不变呢？”唉！大贤者的深谋远虑，哪是才能平常的人所能比得上的呢？

孔子曰：“奢则不孙，俭则固；与其不孙也，宁固。”又云：“如有周公之才之美，使骄且吝，其余不足观也已。”然则可俭而不可吝也。俭者，省约为礼之谓也；吝者，穷急不恤之谓也。今有施则奢，俭则吝；如能施而不奢，俭而不吝，可矣。

——[北齐]颜之推《颜氏家训》

原文大意：孔子说：“奢侈了就不会谦逊，节俭了就会显得固陋。与其不够谦逊，宁可让他固陋一些。”孔子又说：“一个人即便有周公那样的才华和美德，但如果他骄纵并且小气，那么其他的一切就不值得再去看了。”这样说来，俭省可取而吝啬不可取。所谓俭省，就是把俭省节约作为处世之本；所谓吝啬，就是在别人非常困难的时候也不体恤救助。现在，有的人虽能救济别人，但自己过于奢侈；有的人虽然俭朴，但很吝啬。如果既能救助别人，自己又不奢侈；生活俭省，对人又不吝啬，那就达到要求了。

御孙曰：“俭，德之共也；侈，恶之大也。”共，同也；言有德者皆由俭来也。夫俭则寡欲，君子寡欲，则不役于物，可以直道而行；小人寡欲，则能谨身节用，远罪丰家。故曰：“俭，德之共也。”侈则多欲。君子多欲则贪慕富贵，枉道速祸；小人多欲则多求妄用，败家丧身；是以居官必贿，居乡必盗。故曰：“侈，恶之大也。”

——[宋]司马光《训俭示康》

原文大意：御孙说：“节俭是各种好品德的共有特点，奢侈是各种罪恶中的大罪。”“共”就是“同”，是说有好品德的人都是由节俭做起的。因为，如果节俭就少贪欲。有地位的人如果少贪欲，就不被外物所役使，可以走正直的道路。没有地位的人如果少贪欲，就能约束自己，节约用度，避免犯罪，使家室富裕。所以说：“节俭是各种好品德的共有特点。”如果奢侈，欲望就会很多。有地位的人如果欲望多，就会贪恋爱慕富贵，不走正路，招致祸患；没有地位的人如果欲望多，就会多方营求，随意挥霍，败坏家庭，丧失生命。因此，做官的人如果奢侈，就必然贪赃受贿；平民百姓如果奢侈，必然是盗窃了他人的财物。所以说：“奢侈是各种罪恶中的大罪。”

教子有五：导其性，广其志，养其才，鼓其气，攻其病，废一不可。养子弟如养芝兰:既积学以培植之,又积善以滋润之。

——[宋]家颐《教子语》

原文大意:教育子女有五个方面:引导他的性情,扩展他的志向,培养他的才能,鼓舞他的士气,纠正他的过失。这五个方面的任何一项都不能偏废。养育子弟如同培养名贵的花卉,既要用多种学问来培养他,又要靠多做善事来栽培他。

3. 敬业篇。

我死,官属即送汝财物,慎毋受。汝九卿儒者子孙,以廉洁著,可以自成。

——[汉]班固《汉书·欧阳地余传》

原文大意:我死了以后,官府就是送给你财物,你也要谨慎对待,不要接受。你是清廉官员、读书人的后代,我们家族向来以廉洁著称,你应当通过自己努力走向成功。

后世子孙仕官有犯赃滥者,不得放归本家;亡殁之后,不得葬于大茔之中。不从吾志,非吾子孙。仰工刊石,竖于堂屋东壁,以诏后世。

——[宋]包拯《戒廉家训》

原文大意:包氏后世子孙为官,有贪赃枉法的,活着的逐出本家,死了以后,不能葬在祖坟中。不听从我的教导,就不是我的子孙。切望请工匠把这句话刻在石头上,竖立在堂屋东壁,以此诏示后世子孙。

勤俭自持,习劳习苦,可以处乐,可以处约,此君子也。余服官二十年,不敢稍染官宦气习,饮食起居,尚守寒素家风,极俭也可,略丰也可,太丰则吾不敢也。凡仕宦之家,由俭入奢易,由奢返俭难。尔年尚幼,切不可贪爱奢华,不可惯习懒惰。无论大家小家、士农工商,勤苦俭约未有不兴,骄奢倦怠未有不败。

——[清]曾国藩《曾国藩家书》

原文大意:勤奋节俭,自我把持,习惯劳苦,可以凭借它享受安乐,也可以适应俭约。这就是君子。我为官二十年,从来不敢沾染半点官僚习气,饮食起居,还遵循简朴的家风,特别简朴也可以,稍微丰盛也可以,太过丰盛那么我就不敢了。凡是官宦人家,从简朴到奢侈容易,从奢侈到简朴难。你的年纪还小,千万不可以贪恋奢侈享受,不可以养成懒惰的习惯。无论大家庭还是小家庭，无论读书人、农民、工人还是商人，只要勤苦节俭，没有不兴盛的；如果骄奢倦怠，没有不衰败的。

不力行，但学文。长浮华，成何人。但力行，不学文。任己见，昧理真。读书法，有三到。心眼口，信皆要。方读此，勿慕彼。此未终，彼勿起。宽为限，紧用功。工夫到，滞塞通。心有疑，随札记。就人问，求确义。房室清，墙壁净。几案洁，笔砚正。墨磨偏，心不端。字不敬，心先病。列典籍，有定处。读看毕，还原处。虽有急，卷束齐。有缺坏，就补之。非圣书，屏勿视。敝聪明，坏心志。勿自暴，勿自弃。圣与贤，可驯致。

——［清］李毓秀《弟子规》

原文大意：如果不能身体力行孝、悌、谨、信、泛爱众、亲仁这些本分，一味死读书，纵然有些知识，也只是增长自己浮华不实的习气，变成一个不切实际的人，如此读书又有何用？反之，如果只是一味地做，而不肯读书学习，就容易依着自己的偏见做事，蒙蔽了真理，也是不对的。读书的方法，有三点要做到，即心到、眼到、口到，这三者确实都很重要。在读这本书的时候，不要心里又想读那本书。这本书还未读完，不要去开始读那本书。不妨把学习的期限放宽些，但在学习时要抓紧时间用功。学习只要功夫到家，不懂的地方就会自然弄通。如果心中有疑问，要随时做好记录。虚心向别人请教，求得准确的意义。书房里要收拾得清爽，墙壁要保持干净。书桌要保持整洁，笔砚要放端正。如果把墨磨偏了，说明心不在焉。字写得潦草不整齐，说明思想不集中。存列典籍，要有固定的地方。读完一本书，一定要归还到原来的地方。即使有急事不看书了，也要把书本整理好。如果书本有缺损，应当修补完整。不是圣贤经书，应该放弃不看。不好的书容易蒙蔽人的思想，破坏人的心志。一个人不能自甘堕落，也不能自己瞧不起自己。圣人和贤人的境界，都是可以通过自身努力逐渐达到的。

4. 处世篇。

我不在家，儿子便是你管束。要须长其忠厚之情，驱其残忍之性，不得以为犹子而姑纵惜也。家人儿女，总是天地间一般人，当一般爱惜，不可使吾儿凌虐他。凡鱼飧果饼，宜均分散给，大家欢嬉跳跃。若吾儿坐食好物，令家人子远立而望，不得一沾唇齿；其父母见而怜之，无可如何，呼之使去，岂非割心剜肉乎！夫读书中举中进士作官，此是小事，第一要明理作个好人。

——［清］郑燮《潍县署中与舍弟墨第二书》

原文大意：我不在家时，儿子便由你管教，要培养增强他的忠厚之心，而根除他的残忍之性，不能因为他是你的侄子就姑息、放纵、怜惜他。仆人的子女，也是天地间一样的人，要一样爱惜，不能让我的儿子欺侮虐待他们。凡鱼肉水果点心等吃食，应平均分发，使大家都高兴。如果好的东西只让我儿子一个人吃，让仆人的孩子远远站在一边观看，一点也尝不到，他们的父母看到后便会可怜他们，又没有办法，只好喊他们离开。此情此景，岂不令人心如刀绞。读书中举中进士以至做官，都是小事，最要紧的是要让他们明白事理，做个好人。

忠信笃敬，是一生做人根本。若子弟在家庭不敬信父兄，在学堂不敬信师友，欺诈傲慢，习以性成，望其读书明义理，向后长进，难矣。

——［清］张履祥《示儿》

原文大意：忠实、诚信、厚道及敬重师长，这是一辈子做人的根本所在。如果子女、兄弟在家庭之中不能对父亲和兄长尊敬、诚信，在学校不能对老师和学友尊敬、诚信，欺诈傲慢，习惯了就养成了这种性格，再期望他读书学习、明白义理，日后有所长进，也就难了。

后生才锐者，最易坏。若有之，父兄当以为忧，不可以为喜也。切须常加简束，令熟读经学，训以宽厚恭谨，勿令与浮薄者游处。如此十许年，志趣自成。不然，其可虑之事，盖非一端。吾此言后人之药石也，各须谨之，毋贻后悔。

——［宋］陆游《放翁家训》

原文大意：才思敏锐的年轻人，最容易学坏。倘若有这样的情况，做长辈的应当把它看作忧虑的事，不能把它看作可喜的事。切记要经常加以约束和管教，让他们熟读儒家经典，训导他们做人必须宽容、厚道、恭敬、谨慎，不要让他们与轻浮浅薄之人来往。这样十多年后，他们的志向和情趣会自然养成。不这样的话，那些让人担忧的事情就不会只有一件。我这些话，是防止后人犯错的良言规诫，大家都应该谨慎对待，不要留下遗憾和愧疚。

大凡敦厚忠信，能攻吾过者，益友也；其谄谀轻薄，傲慢亵狎，导人为恶者，损友也。推此求之，亦自合见得五七分。

见人嘉言善行，则敬慕而纪录之。见人好文字胜己者，则借来熟看，或传录之而咨问之，思与之齐而后已。不拘长短，惟善是取。

——[宋]朱熹《朱子全书·学五》

原文大意：大概为人朴实厚道，待人忠诚，讲信用，能指出我的过错的，是有益的朋友；而那些逢迎巴结，轻佻浮薄，傲慢无礼，行为放荡，引导别人做坏事的，是有害的朋友。假如按这个标准来找朋友，自己也只能看清五分至七分。

见到别人有教育意义的好的言语和好的行为，就尊敬仰慕并记录下来，看到别人的好文章胜过自己，就拿来熟读，或者抄录下来请教，一直到向他看齐为止。不论年纪大小，有优点就要汲取。

人物档案

颜之推(531—约591)，字介，祖籍琅邪临沂(今属山东)，中国古代文学家、教育家。初仕梁元帝为散骑侍郎。江陵为西魏军所破，投奔北齐，官至黄门侍郎、平原太守。齐亡入周，为御史上士。隋开皇中，太子召为学士。

颜之推以儒家传统思想为立身治家之道，博学多识，有《颜氏家训》传世。

拓展迁移

◎ 我国古代传世家训代代流传，潜移默化地影响着现代人的人格理想、心理结构、风尚习俗和精神素质，是中华民族永远的精神财富之一。自主选读一些古代家训经典篇目，说说自己的体会。

第四章
文艺民俗竞风流

在华夏文明的沃土上，文艺民俗百花齐放，争奇斗艳。不同的文艺民俗形式折射出不同时代、不同地域人们的思想观念、审美趣味和生活情形。它们是中华传统文化的锦袍上最细致绮丽的纹饰。

第一节　中国民族乐器

术语辞典

民族乐器：中国的独特乐器，代表着中华传统音乐文化的乐器。现在流行的民族乐器有筝、箫、笛、琴、鼓、二胡、琵琶、唢呐等。

一、中国民族乐器的分类方法

1. 八音分类法。

中国在周代已经根据乐器的不同制作材料进行分类，将乐器分成金、石、丝、竹、匏、土、革、木八类，叫做“八音”。在周末至清初的三千多年中，中国一直沿用“八音”分类法。

(1) 金类。

金类是以钟为主的打击乐器。钟盛行于青铜时代，它在古代不仅是乐器，还是权力和地位的象征。所以钟乐广泛使用于王公贵族的朝拜仪式、祭祀仪式、宴飨及日常娱乐。

清代青铜编钟

（2）石类。

石类是以磬类为主的相关打击乐器。磬类乐器材质主要是石灰石，其次是青石和玉石。磬在古代用于帝王和上层官员的朝聘礼仪、宗庙祭祀及殿堂宴飨等活动中的乐队演奏。唐宋后逐渐兴起新乐，因此磬一般仅用于祭祀仪式的雅乐乐队。

玉磬

（3）丝类。

丝类主要指各种弦乐器，因为古时候的弦都是用丝做的，如琵琶、瑟、胡琴等。

唐代琵琶

（4）竹类。

竹类指竹制吹奏乐器，如箫、笛、管子等。

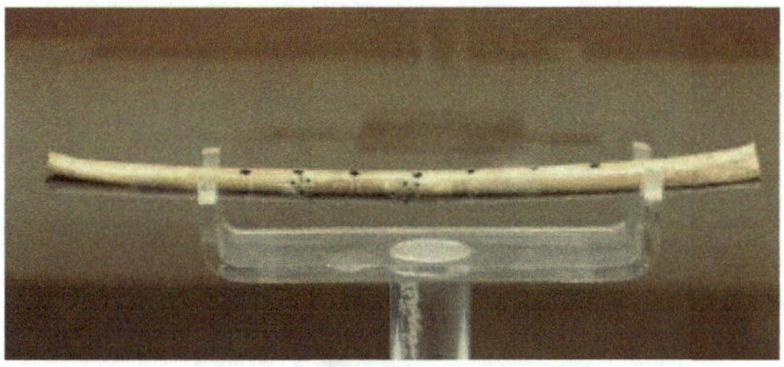

贾湖古笛

（5）匏类。

匏类指用匏制作的吹奏乐器，如竽、笙。匏是葫芦类的植物果实。

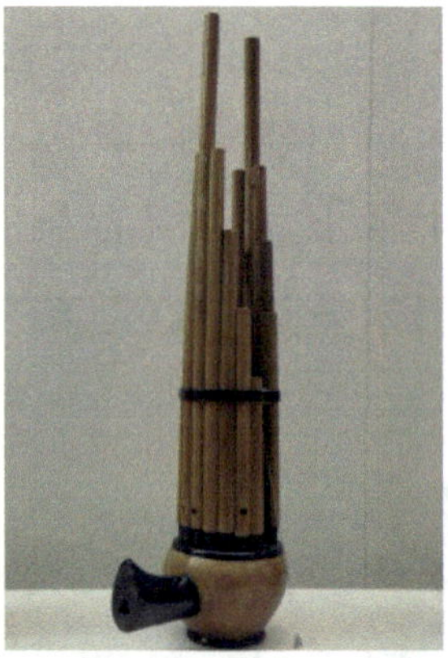

清代古笙

（6）土类。

土类主要指陶制乐器，如陶笛、陶鼓等。

陶鼓

（7）革类。

革类主要指各种鼓类乐器，如建鼓、悬鼓。

战国时期虎座鸟架悬鼓

(8) 木类。

木类指木制打击乐器,如木鼓、敔、柷。

清代莲座虎形木敔

2. 吹拉弹打分类法。

经过几千年的漫长历程,多民族的音乐与文化不断交融,民族乐器的发展也更全面、更成体系。目前,依据演奏方法的不同,可将乐器分为吹奏乐器、拉弦乐器、弹拨乐器、打击乐器。

(1) 吹奏乐器。

吹奏乐器的发音体大多为竹制或木制,是气息经由乐器的吹孔、哨子或簧片,引起空气柱的振动而发音的乐器,如箫、口笛、唢呐、管子、笙、巴乌等。

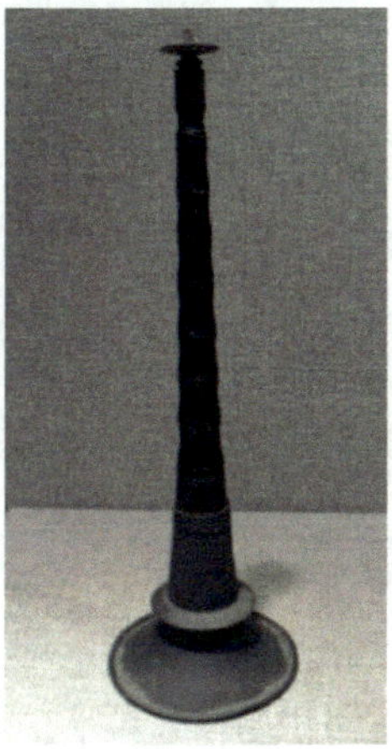

唢呐

（2）拉弦乐器。

拉弦乐器又称弓弦乐器，主要指胡琴类乐器，且大多为两弦，少数用四弦。拉弦乐器通过弓子在琴弦上摩擦从而产生音响，如二胡、革胡、板胡等。

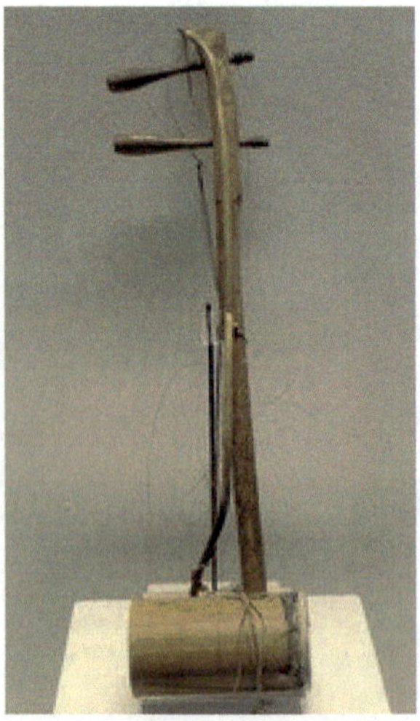

二胡

（3）弹拨乐器。

弹拨乐器是通过弹拨等演奏形式而产生音响的乐器总称。根据演奏形态差异，可分为横式弹拨乐器和竖式弹拨乐器。横式弹拨乐器包括古琴、扬琴和独弦琴等，竖式弹拨乐器包括琵琶、阮、月琴和柳琴等。

彝族月琴

(4) 打击乐器。

打击乐器指以打击、敲击等演奏形式而产生音响的乐器种类。根据制材方式不同,可分为响铜、响木和皮革类乐器;根据发音方式不同,可分为革鸣类乐器和体鸣类乐器;根据音高概念不同,可分为固定音高类乐器和无固定音高乐器。打击乐器主要包括梆子、木鱼、铃、锣、鼓、钹、板等。

清代木鱼

二、中国民族乐器介绍——葫芦丝

1. 葫芦丝简介。

葫芦丝,又称葫芦箫,是云南少数民族乐器,主要流传于傣、阿昌、彝等民族中,富有浓郁的地方色彩。

葫芦丝可分为高音、中音、低音三种类型。其音色独特淳厚,外观朴实、精致,简单易学。

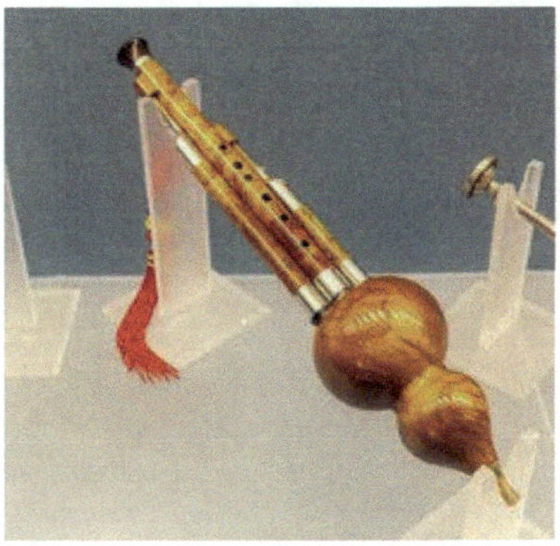

葫芦丝

葫芦丝形状和构造别具一格,它由一个完整的天然葫芦、三根竹管和三枚金属簧片做成。整个葫芦做气室,葫芦低部插进三根粗细不同的竹管,每根竹管插入葫芦的部分有一枚尖舌铜质或银质簧片。中间的竹管最粗,上面开有七个音孔,为主管,旁边两根是附管,上面只设簧片，不开音孔（指传统葫芦丝），只能发出与主管共鸣的和音。通常左面附管发“3”音，右边附管不发音或发低音“6”音。

改良的葫芦丝附管跟主管一样在管身上方开一音孔，吹奏时手指控制主管的音孔以奏出不同音高的音。若主附管同时开启，吹奏时数管齐鸣，旋律只出自主管，附管仅以和谐持续的单音相衬托，产生和声效果。

葫芦丝常用于吹奏山歌等民间曲调，最适于演奏旋律流畅的乐曲，曲调中一般长音较多，乐声柔美和谐，能较好抒发演奏者的思想感情。

2. 葫芦丝的演奏方法。

右手无名指、中指、食指用第一节指肚分别开闭第一、第二、第三个音孔，拇指托在主管下方。左手无名指、中指、食指用第一节指肚分别开闭第四、第五、第六个音孔，拇指放在主管前下方的第七个音孔。

深呼吸，吸入的气尽可能多，吸气后气息下沉，使气流在有控制的情况下有节制地均匀向外呼出，气息要平稳。

吹奏中，高音时要用缓吹法（气流减小），低音时要用急吹法（气流加强）。

拓展迁移

◎ 观看中国民族乐器的演奏节目视频，说说你的感受。

◎ 尝试用葫芦丝吹奏几首简单的曲子。

第二节　赛龙舟习俗

术语辞典

赛龙舟：又称赛龙船或龙舟竞渡，是中国传统节日端午节的习俗之一，也是深受人们喜爱的水上竞赛性娱乐活动，在江苏、浙江、福建、云南、湖南、湖北等地普遍存在。

人物档案

屈原（约前340—约前278），名平，字原（又自云名正则，字灵均），战国时期楚国大臣、诗人，主张对内举贤授能，彰明法度，对外联齐抗秦。后因遭到贵族排挤毁谤，被赶出了都城，流放到汉北和沅湘流域。他在流放的情况下，写下了《离骚》《天问》等忧国忧民的不朽诗篇。公元前278年，秦军攻破楚都，屈原悲愤交加，于农历五月初五写下《怀沙》之后，抱石投汨罗江，以身殉国。

一、赛龙舟由来的传说

1. 纪念屈原。

传说屈原死后，楚国百姓哀痛异常，纷纷涌到汨罗江边凭吊他。渔夫们划起船只，在江上来回打捞他的真身，他们争先恐后，追至洞庭湖却不见其真身的踪迹。之后每年的农历五月初五，人们划龙舟来纪念屈原，借划龙舟来驱散江中的鱼，以免鱼吃掉他的身体。

2. 纪念伍子胥。

《清嘉录》中记载，吴地（江浙一带）竞渡是源于纪念伍子胥。苏州有端午祭祀伍子胥的风俗，人们在水上举行龙舟竞渡来表示对伍子胥的纪念。

3. 纪念曹娥。

浙江部分地区，用龙舟竞渡来纪念曹娥。《后汉书·列女传》中记载，曹娥父亲溺于江中，过了好几天仍不见尸体。曹娥当时年仅 14 岁，昼夜沿江哭寻父亲，过了十七天，也投江而死。

二、赛龙舟的文化内涵

［清］王翚《龙舟竞渡卷》（局部）

龙舟竞渡是战国时期就已有的习俗。战国时期，人们在急鼓声中划龙形独木舟，做竞渡游戏，以娱神与乐人，此时的龙舟竞渡是祭祀仪式中半宗教性、半娱乐性的节目。在两湖地区，祭屈原与赛龙舟是紧密相关的。但赛龙舟除纪念屈原等人之外，各地人们还赋予了它不同的寓意。

龙船竞渡前，先要请龙、祭神。如广东地区，人们在端午节前要将龙舟从水下取出，祭过在南海神庙中的南海神后，安上龙头、龙尾，再准备竞渡；还要买一对纸制小公鸡置龙船上，认为这样可保佑龙船平安。闽、台地区的人们则前往妈祖庙祭拜。四川、贵州等地区的人们直接在河边祭龙头，杀鸡滴血于龙头之上。

赛龙舟前会举行各种祭祀、纪念的仪式，一般都是点香烛，摆供品。在过去，人们祭祀龙神庙时气氛很严肃，多祈求农业丰收、风调雨顺、事事如意，也希望神明保佑划船平安，如今这些含有迷信色彩的仪式已经很少见。

三、赛龙舟的发展历程

龙舟竞赛作为一项水上运动，经历了功利性、纪念性和竞技性三种基本形态。

功利性龙舟竞渡，是指起始萌生阶段的龙舟竞渡，从时间上讲，大致在先秦。原始时期的先民在水上捕捞、渡水劳动，特别是在水上争斗中，争相竞渡。

纪念性龙舟竞渡，形成于汉魏六朝，延续至今。吴国人周处的《风土记》是最早记录端午竞渡的文献，说明三国时，“端午竞渡”已成为风气。梁代吴均、宗懔和唐代魏征留下的资料，记录了龙舟竞渡是为了纪念屈原。魏征在《隋书·地理志》中写道：“屈原五月望日赴汨罗，土人追至洞庭不见，湖上船小，莫得济者，乃歌曰：‘何由得渡湖？’因而鼓棹争归，竞会亭上。习以相传，为竞渡之戏。其迅楫齐驱，棹歌乱响，喧振水陆，观者如云，诸郡率然。”自此，端午竞渡这一民俗统一在“纪念屈原”这个具有凝聚力的主题上。

竞技性龙舟竞渡，形成于 20 世纪 70 年代至 90 年代，其发展可追溯至 1976 年举行的香港国际龙舟邀请赛，此后，龙舟竞赛成为现代体育项目，热潮席卷全球 30 多个国家。在国际上，龙舟运动基本上是一种竞技性的体育项目。1980 年，赛龙舟被列入中国国家体育比赛项目，并每年举行“屈原杯”龙舟赛。1991 年 6 月 16 日（农历五月初五），在屈原的第二故乡——中国湖南省岳阳市，举行了首届国际龙舟节。之后，湖南省定期举办国际龙舟节。

四、赛龙舟的文化传播

随着华人华侨的足迹遍布世界各地，西方国家也渐渐兴起了端午热。在欧美国家的华人华侨以及中国文化爱好者中间，端午庆典主要以龙舟竞渡的方式展开，并与西方国家的体育竞技文化相结合。

拓展迁移

◎ 观看一场龙舟赛(可以是视频资料的形式)，感受端午节的节日氛围。

第三节　儒道佛文化

自两汉一直到近代，中华传统文化都以儒学思想为主体，兼杂佛学、道学思想。数千年来，儒学思想在中华传统文化发展过程中始终占据主导地位。同时，佛学和道学也在各自发展过程中不同程度地影响了中华民族的精神世界和生产生活，成为中华传统文化的重要组成部分。

一、儒学的发展历程

儒学是先秦诸子百家学说之一。它由孔子创立，经由其后数代儒学宗师弘扬，逐渐形成完整的儒家思想体系。儒家思想是古代、近代中国的主流文化意识形态，也是对中华民族传统文化影响最大的思想流派。

“儒学”与“儒家”的概念要分清。儒学是一种思想体系和学说，而儒家是创立、发展和研究儒学的人群。

儒学作为完整的思想体系，着重阐述以下关系：一是天、地、人之间的关系；二是国与家、君与民的关系；三是家庭长幼、夫妇的关系；四是社会中人与人之间的关系等。这些关系涵盖了哲学、政治学、伦理学、社会学、经济学等广泛的学科领域。

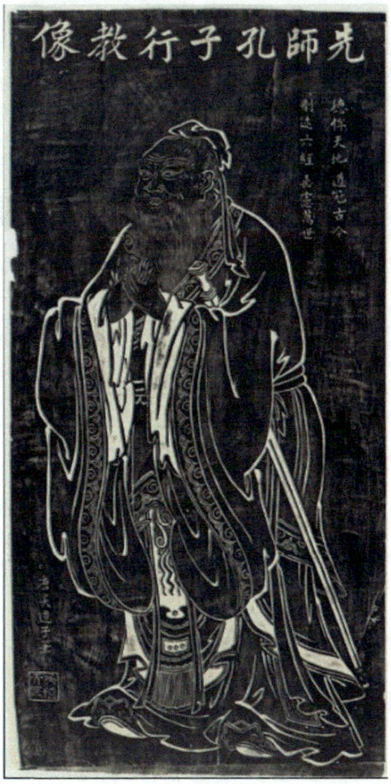

［唐］吴道子《先师孔子行教像》

儒学的发展经历了漫长的过程，其中最为重要的四个阶段分别是孔子开创的先秦儒学、以董仲舒为代表的汉代儒学、以程朱理学为标志的宋明儒学以及西方思想学说冲击下的近现代儒学。

1. 先秦儒学：创立时期。

春秋晚期，孔子所崇尚的周朝“礼制”受到严峻的挑战，社会伦理道德受到冲击。孔子创立儒家学派，其思想核心：一是强调“礼”，要求人们“克己复礼”，希望能恢复西周的礼乐制度；一是强调“仁”，主张以德治民，要求人与人之间相互友爱，“己所不欲，勿施于人”。孟子是战国时期伟大的思想家，他继承并发展了孔子的儒学。在政治上，他主张“法先王，行仁政”，提出“民贵君轻”的民本思想，主张“民为贵，社稷次之，君为轻”“性本善”。所以先秦儒学又称“孔孟儒学”。

2. 汉代儒学：“罢黜百家，独尊儒术”。

汉代儒学的代表人物是董仲舒。他在著名的《举贤良对策》中创建了一个以儒学为核心的新的思想体系，系统地提出了“天人感应”“大一统”学说。他阐述“君权神授”，主张“君为臣纲，父为子纲，夫为妻纲”和仁、义、礼、智、信五种为人处世的道德标准，被后人称为“三纲五常”。汉武帝采纳了他的“罢黜百家，独尊儒术”的政策主张。自此以后儒学成为中国社会正统思想，对中国社会产生了长达两千多年的影响。

3. 宋明理学：以孔孟儒学为根本，兼蓄佛、道的理论体系。

宋朝儒学的代表人物是程颢、程颐和朱熹，明朝儒学的代表人物是王阳明。宋明时期的理学是儒、道、佛三种思想体系长期争论和融合的产物，它以“程朱理学”和“陆王心学”的形态呈现出来。程朱理学更加重视阐释义理，提出“天理”的核心概念，强调“存天理，灭人欲”。南宋的陆九渊和明朝的王阳明提出“心”就是“理”的主张，他们的学说被称为“心学”，又叫“陆王心学”。王阳明更多地吸取了佛教“心外无佛，即心是佛”的思想，提出“心外无物”“心外无理”的命题。在认识论上，他提出“致良知”和“知行合一”的学说。

4. 近现代儒学：在中西文明碰撞中反思与改革。

近现代，在中西文明碰撞中，探索社会变革的儒家学者们持续不断地推动儒学的反思与改革。

从鸦片战争到戊戌变法期间，一些儒家学者主张接受西方资本主义文明的一些内容以求自救自强，"中学为体，西学为用"是这一阶段的代表思想。

从戊戌变法到辛亥革命期间，一些儒家学者开始思考并力图推动制度改良，其代表人物康有为、梁启超等用儒学来解释改良思想，形成了较为完整、系统的托古改制的社会改良理论体系，代表作有《大同书》等。

从辛亥革命到中华人民共和国成立期间，不断地有更多的革命者、思想家以及一些主张变革的儒家学者，从各自不同的角度批判数千年长盛不衰的传统儒学。

新中国成立后，人们越来越重视对包括儒家思想体系在内的儒道佛文化的"取其精华，去其糟粕"和"古为今用""推陈出新"，将弘扬中华优秀传统文化作为实现中华民族复兴的精神支撑。

鲁迅先生在《且介亭杂文集》中说："只有民族的，才是世界的。"儒家思想在古代就流传到中国的邻邦。近些年来，随着许多国家邀请中国去当地开设孔子学院，儒家思想也逐渐被世界各地的人民所了解。孔子被联合国教科文组织列为数千年来"世界十大文化名人"之首。联合国大厅中就悬挂着一则孔子名言——"己所不欲，勿施于人"，这则名言被认为是处理国家间往来的至高准则。

人物档案

孔子（前551—前479），名丘，字仲尼，祖籍宋国栗邑（今河南夏邑），生于春秋时期的鲁国陬邑（今山东曲阜）。他是中国著名的思想家、教育家、政治家，是儒家学派创始人。孔子周游列国十三年，晚年修订六经，即《诗》《书》《礼》《乐》《易》《春秋》。

相传孔子有三千个弟子，其中著名的有七十人。孔子去世后，其弟子及其再传弟子把孔子的言行和孔子与门人的问答记录下来，整理编成儒家经典《论语》。孔子是当时社会上最博学的人之一，在世时就被尊奉为“天纵之圣”“天之木铎”，更被后世尊为“孔圣人”“至圣”“万世师表”。孔子的儒家思想对中国和世界都有深远的影响，他被联合国教科文组织评为“世界十大文化名人”之首。

孟子（约前372—前289），名轲，字子舆，邹（今山东邹城东南）人。他是孔子之孙孔伋的再传弟子。

孟子是战国时期思想家、政治家、教育家，先秦儒家的代表人物，与孔子并称“孔孟”。后世追封孟子为“亚圣公”，尊称其为“亚圣”。

在政治上，孟子主张“法先王，行仁政”，提出“民贵君轻”说；在学说上，他推崇孔子，反对杨朱、墨翟。他游历于齐、宋、滕、魏等国，效法孔子推行自己的政治主张，前后历时二十多年。孟子的仁政学说被认为是“迂远而阔于事情”，因此，没有得到实行。最后他退居讲学，和他的学生一起，“序《诗》《书》，述仲尼（即孔子）之意，作《孟子》七篇”。

《孟子》是儒家经典，由孟子及其弟子万章等著。一说是孟子弟子、再传弟子的记录。

二、道学的发展历程

道学是先秦诸子百家学说之一，与儒学同为当时最有影响的学说，也同为植根于本土的最重要的中华民族文化。与儒学相比较，道学的起源更为久远，可以追溯到上古时期。

“道学”与“道家”“道教”的概念要分清。道学是一种思想体系和学说，道家是创立、发展和研究道学思想的人群，道教则是中国本土生长起来并延绵数千年的宗教。

道学的产生与发展经历了以下阶段：

1. 上古时期：道学的起源。

据《汉书·艺文志》记载，道家书籍有《黄帝四经》《黄帝铭》《力牧》《伊尹》《太公》《辛甲》《鬻子》《管子》等，暗示道家思想与中华民族上古时期的黄帝、伊尹、姜太公、辛甲、鬻子、管子等人的治世思想有关。

2. 先秦时期：道学正式形成——黄老之学与老庄之学。

春秋时，老子集古圣先贤之大智慧，提炼了古老的道家思想的精华，形成了系统完整的道学理论，其著作《老子》(又称《道德经》)的问世标志着道家思想正式形成。相传老子吸收了上古时期黄帝的思想，所以老子的思想体系又被称为“黄老之学”。

庄子是继老子之后战国时期道家思想最重要的代表人物。他对老学的创造性继承和整体性超越，使老学真正发展成为一个大的道家学派，与儒、墨并驾齐驱。《庄子》一书是庄学学派的集体论集。庄子的学说也以“道”为其哲学的最高概念，崇尚自然无为，反对宗法制礼乐文化，主张顺任自然之性，倡导纯真、超脱、虚静的风格。他的学说极具独创性，把老子的学说引到一个新的方向，被后人称为“老庄之学”。

3. 汉代：道学经历辉煌与被压制。

汉朝取代秦朝之后，汉朝皇帝在反思秦统治思想的基础上，开始选择道家思想作为治国思想。史官记载，汉景帝“以《黄子》《老子》义体尤深，改子为经，始立道学”，黄老之书在汉武帝尊儒学六经之前升格为经。

司马谈(司马迁之父)作为汉朝初期的最高史官，曾对黄老道家思想进行过总结。另外，当时的淮南王刘安还组织门客编撰了《淮南子》，此书成为黄老道家的巅峰性著作。司马迁受其父的影响，其著作《史记》处处流露出黄老道家的思想。

汉武帝执政后，采纳了董仲舒“罢黜百家，独尊儒术”的建议，道学的发展受到压制，主张尊君隆礼的儒学取代了道学，成为国家的正统思想，这样的局面延续了两千多年。

4. 魏晋南北朝时期：道学走向玄学，成为本土宗教。

魏晋南北朝时期，连绵不断的战争和长期的地方诸侯割据造成社会剧烈动荡，导致中国文化发展受到巨大而特别的影响，其突出表现为：一方面，佛教开始进入中国，出现儒道佛并存的局面；另一方面，道学在走向玄学的同时又走向宗教，从而产生道教。

道学发展历程中的玄学，指的是魏晋时期出现的一种哲学思潮，是对《老子》《庄子》和《周易》的研究和解说。主要代表人物夏侯玄、何晏、王弼、阮籍、嵇康等，就一些玄学问题析理问难，反复辩论，空谈玄理。玄学讨论的中心问题是“本末有无”，即用思辨的方法讨论关于天地万物存在的根据。

东汉末期，始于春秋时期的方仙道在益州（今四川）演化出张道陵创立的天师道，奉老子为太上老君。至南北朝时期，道教的宗教形式逐渐完善。北魏太武帝时期，道教成为北魏国教。

5. 隋唐时期：道学走向鼎盛。

杨坚建立隋朝并称帝，以道教之神元始天尊的年号“开皇”为隋的开国年号，彰显其改朝换代的天意合法性。隋炀帝杨广为晋王时，曾邀请道士至其扬州镇所“请受道法”。道学虽不及佛学更受重视，但它仍以宗教的形式在隋朝得到重大发展。

至唐朝，道教实现了大发展，道学也实现了回归。唐高祖李渊、唐太宗李世民等唐初的皇帝，都基于政治上的考虑，寻根“李”姓的发端。在此基础上，他们尊老子为先祖，将老子的《道德经》列为家学，将尊老子为“老君”“太上”“玄黄”的道教各派收归到李姓皇权下，为李氏王朝的统治提供思想基础和宗教支撑。唐高祖李渊下令将儒道佛三教重新排序：道教第一，儒教第二，佛教第三。到唐高宗时，《道德经》被列为“上经”，地位高于《论语》，并成为国家科举考试的正式科目。由此可见，唐王朝对道教和道学非常重视，道教和道学被提升到历史上从来没有过的新高度。

6. 宋、元、明时期：道学走向神化、世俗化和民间化。

北宋朝廷继承了唐朝崇奉道教的政策，提倡学习道经，设立道学制度和道学博士，列《内经》《老子》《庄子》等为修习经典。北宋更加突出地利用鬼神巫术崇拜、神仙方术信仰的宗教化来宣扬天神降临、天书下降，推崇道教中的"治世养生之术"，并大兴土木建造道教的宫观，衍生出众多道教派别。宋朝的道学家将黄老道家思想、道教修炼方术和儒家修养、佛家禅理融为一体，形成了中国式的佛教——禅宗，其阐发的易学思想被周敦颐、邵雍、张载等吸收，促进了宋明理学的兴起。

元朝统治者为了取得汉族士人的支持，对道教采取了宽容态度，但道学与道教被边缘化，仅被当作巩固元朝统治的工具。

明朝道教发展的最大特点是中后期的道教世俗化和民间化，出现白莲教、黄天教、八卦教等众多具有道教色彩的民间宗教组织。明朝道教吸收了儒学伦理和佛学思想，其教理教义、神仙信仰、伦理思想、科仪方术等也深入百姓的日常生活。供奉道教神仙的宫观庙堂星罗棋布于城镇街巷、乡村小镇。

7. 清代、民国时期：道学走向衰落。

清朝以藏传佛教为国教，因此允许同根的汉传佛教存在。但因为道教具有鲜明的汉人特征，特别是明朝中后期发展起来的民间道教组织主张"反清复明"，所以清朝政府对道教采取了严格的防范和抑制政策。鸦片战争后，清政府利用民间道教组织对抗列强，加封了一些道教神仙，使义和团、八卦教等民间道教组织迅速发展起来，客观上促进了民间道教信仰的盛行。

民国时期，政府撤销了对道教的财政支持，取消了道教首领的封号。在新文化运动和五四运动中，钱玄同、陈独秀、鲁迅等对道教中的封建迷信进行了严厉的批判。1928 年，民国政府颁布《神祠存废标准》，道教宫观等场所数量大幅减少。

8. 新中国成立后：道学走向新生。

新中国成立后，在宪法和法律上保证了人民的宗教信仰自由。道教界发扬道教的优秀内容，并将它们和现代思想文化结合，使古老的道教焕发出青春，实现新生。1957年，中国道教协会在北京成立，道教第一次有了统一的全国性组织。1990年，中国道教学院成立，道教第一次有了培养高级专门人才的学校。道学和道教文化的研究得以延续。

人物档案

老子是春秋时期思想家，道家创始人和主要代表人物。一说即老聃，姓李名耳，字聃。老子曾担任周朝“守藏室之史”（管理藏书的史官），著有《老子》一书，又名《道德经》，此书是道家学派的经典著作。道教将其奉为道祖，称“太上老君”。

庄子（约前369—前286），名周，宋国蒙（今河南商丘东北）人，战国时哲学家、文学家。

庄子做过蒙地方的漆园吏，是道家思想的集大成者，继承与发展老子的“道”，与老子并称为“老庄”。庄子和老子的哲学思想体系被思想学术界尊为“老庄哲学”。庄子的代表作有《庄子》，其中名篇有《逍遥游》《齐物论》《养生主》等。庄子主张“天人合一”和“清静无为”。

庄子的想象力极为丰富，语言运用自如，灵活多变，能把一些微妙难言的哲理说得引人入胜。他的作品被称为“文学的哲学，哲学的文学”。据传，他曾隐居南华山，故唐玄宗天宝元年，诏封其为“南华真人”，诏称其著书《庄子》为《南华真经》。

三、佛学发展历程

佛教自创立距今已有两千五百多年，由古印度北部迦毗罗卫国（今尼泊尔境内）王子乔答摩·悉达多所创。因为他属于释迦族，所以人们又称他为释迦牟尼（意即“释迦族的圣人”）。

佛教是世界三大宗教之一。佛，意思是“觉者”。佛教重视人类心灵、道德的进步和觉悟。佛教信徒修习佛教的目的在于从悉达多所悟到的道理里发现生命和宇宙的真相，最终超越生死和苦难，断尽一切烦恼，得到解脱。

佛教大约在公元纪元前后由古印度传入中国汉地，经长期传播发展，形成具有中国民族特色的中国佛教。由于传入的时间、途径、地区和民族文化、社会历史背景的不同，中国佛教形成三大体系，即汉传佛教（汉语经典系）、藏传佛教（藏语经典系）和南传佛教（巴利语经典系）。

1. 汉传佛教。

大约在两汉之际，佛教由古印度经西域传到了气候、风土、民族、信仰都迥然不同的中国中原地区。佛教在南北朝时期得以弘扬，至隋唐达到鼎盛。佛教在印度于公元 13 世纪初消亡，被商羯罗赶出印度，而在中国却作为“大乘佛法”得以发展和创新。

汉传佛教经过长期的经典传译、讲习、融化，与中国传统文化相结合，从而形成具有民族特色的各种学派和宗派，并外传朝鲜、日本和越南等国。

［明］佚名《伏生受经图》

2. 藏传佛教。

藏传佛教，又称藏语系佛教、喇嘛教，是指传入中国藏族地区的佛教，其所用三藏经典及后世注疏，均用藏文写成。10 世纪后半期形成。13 世纪中叶开始流传于蒙古族聚居地区。至今，蒙古、土、裕固等民族仍多信奉藏传佛教。佛教在西藏的发展分“前弘期”和“后弘期”。前者从 7 世纪至 838 年赞普朗达玛掌权后禁佛，持续了 200 余年。后者开始于 978 年，至今已有千年。

前弘期，吐蕃赞普松赞干布迎娶尼泊尔墀尊公主及唐朝文成公主，印度佛教和中国汉地佛教的信息传入西藏；古印度僧人寂护、莲华生等到西藏传播显、密两系佛教。后弘期，佛教经由阿里和多康两个方向传回西藏，在西藏重新得到发展，藏传佛教正式形成。藏传佛教的各派，是在后弘期中逐渐形成的。

藏传佛教既有对前弘期的传承，又全盘接受了印度晚期大乘盛行的无上瑜伽部密宗，传承千差万别，仪轨极为繁复，情况远比汉地佛教复杂。

3. 南传佛教。

南传佛教是由印度向南传到斯里兰卡并且不断发展形成的佛教派系。在教义上，南传佛教传承了佛教中上座部佛教的系统，遵照佛陀以及声闻弟子们的言教和行持过修行生活，因此被称为“上座部佛教”。由于其使用的经典语言属于巴利语体系，故也被称为“巴利语系佛教”。云南傣族等少数民族佛教属巴利语系，亦即南传的上座部佛教。南传巴利语系上座部佛教约在 7 世纪中叶由缅甸传入中国云南傣族地区，最初未立塔寺，经典亦只口耳相传。约在 11 世纪前后，因战事波及，人员逃散，佛教也随之消失。战事平息后，佛教由勐润（今泰国清迈一带）经缅甸景栋传入西双版纳，随之传入的还有泰润文书写的佛经，这就是现在傣族地区的润派佛教。润派佛教主张“心性本净，为客尘染”的思想，与汉传大乘佛教具有深厚错综的关系。

人物档案

释迦牟尼，原名乔答摩·悉达多，佛教创始人，相传为古印度北部迦毗罗卫国（今尼泊尔境内）净饭王之子。后世尊其为佛陀、世尊等。汉地尊其为佛祖，即“佛教祖师”。

据佛经记载，释迦牟尼在29岁时，有感于人世生、老、病、死等诸多苦恼，舍弃王族生活，出家修行；35岁时，在菩提树下大彻大悟，遂开启佛教，随即在印度北部和中部传教；80岁时，在印度拘尸那迦城附近的娑罗双树下入灭。

松赞干布（约617—650），吐蕃赞普。在位期间（629—650），他平定吐蕃内乱，正式建立奴隶主统治的吐蕃王国，确立了吐蕃的政治、军事、经济及法律等制度。他从唐朝和天竺引入佛教，将佛像、佛经、法物等输入到吐蕃，修建了大昭寺、小昭寺等佛教寺庙。

拓展迁移

◎ 自主选择中国传统儒道佛文化相关的书籍，进行阅读。

◎ 连一连。

佛家	“天人合一”宗旨
道家	“民本”“仁政”思想
儒家	“慈悲为怀”理念

第五章
鲜衣佳肴源流长

衣和食是人类生活最基本的要素，不同的国家、民族、地域在漫长的历史发展过程中形成了各自的服饰文化和饮食文化。一起在衣袂拂风和灶火炊烟间，品味华夏文明。

第一节　中国古代纺织

纺织，是纺纱与织布的总称。中国古代的纺织与印染技术具有非常悠久的历史，直至今天，我们日常的衣物、某些生活用品和艺术品都是纺织和印染技术的产物。

术语辞典

纺织："纺"字繁体从糸从方，"糸"指"丝线"，"方"指"方国"，"糸"与"方"联合起来，表示"国家统一收购和分配的纱线"；"织"字繁体从糸从戠，"戠"本指军阵的操演，引申指类似团体操表演的图案，"糸"和"戠"联合起来，表示"在纺布过程中加入彩色丝线构成图案"。"纺织"作为动词，可解释为把棉、麻、丝、毛等纤维纺成纱和线，织成布匹、绸缎、呢绒等。

一、古代纺织发展小史

中国是历史悠久的文明古国，古代纺织曾雄踞世界。

早在原始社会，古代中国人为了适应气候的变化，已懂得就地取材，将自然资源作为纺织和印染的原料，并制造简单的纺织工具。

相传，黄帝轩辕氏的妻子嫘(léi)祖发明了养蚕并教民养蚕缫(sāo)丝，史称"嫘祖始蚕"。从出土文物方面考察，纺织发展史的源头可上溯到原始社会旧石器时代晚期。考古工作者在北京周口店山顶洞人(距今1.8万年左右)遗址中，发现1枚骨针和141件钻孔的石、骨、贝、牙装饰品，证明当时已能利用兽皮一类自然材料缝制简单的衣服。

人物档案

嫘祖，又名累祖。传说为西陵氏之女，轩辕黄帝的元妃。人们认为嫘祖首创种桑养蚕之法及抽丝编绢之术，将其奉为“先蚕”（蚕神）、“人文女祖”。

二、古代主要纺织品

远古时期的纺织品，由于年代久远，很不容易保存下来。考古工作者在古代遗址考古发掘中，获得了珍贵的织物残片和粘附在器物上的织物痕迹，这为研究中国纺织科学技术的起源和发展提供了可靠的实物史料。

1. 丝织物。

古代丝织物是以蚕丝为原料纺织而成的各种织物，包括桑蚕丝织物与柞蚕丝织物两种。桑蚕丝细腻光滑、富有光泽，穿着舒适、高雅华贵；柞蚕丝织物色泽暗淡，外观比较粗糙，手感柔软但不够光滑。丝织品的优点是轻盈滑爽，吸湿透气，弹性好，适合做贴身服装；不足则是易起褶皱，容易吸身，不够结实。

在距今五千年左右的史前时代，黄河流域已经出现丝绸的曙光，到商周时期，丝绸业已较发达，到战国、秦汉时期，由于经济大发展，丝绸生产达到了一个高峰。

被称为三大名锦的四川蜀锦、苏州宋锦、南京云锦是丝织品中的优秀代表，至今在世界上仍享有很高声誉。因此，丝织品在某种意义上代表了中国悠久灿烂的文化。

2. 麻布。

麻布是以大麻、亚麻、苎麻、黄麻、剑麻、蕉麻等各种麻类植物纤维制成的一种布料。麻布产品具有透气清爽、吸湿导热、耐洗、耐晒、强度高的优点;缺点则是穿著不太舒适,外观较为粗糙、生硬。

中国在公元前4000年前的新石器时代已使用苎麻作纺织原料。古代平民不能衣锦绣,老百姓只许穿着素色麻布相衣,于是人们用“布衣”和“白丁”来形容老百姓。而作为大众社会的第一选择,麻布不仅是几千年历史沉淀下来的一种文化,更是一种精神的代表,布衣精神是古代平民知识分子坚守的一种信念。

3. 棉布。

棉布是用棉纱织成的布,是各类棉纺织品的总称。棉布的优点是柔和贴身,轻软保暖,吸湿性、透气性强,易于染整加工等;缺点则是易缩、易皱,恢复性差,光泽度差。

中国南部、西南部亚热带地区和新疆一带,早在秦汉时期就已种植和利用棉花,宋元时期棉花逐步向中原推广,明代棉花已在全国普及,成为最主要的衣料原料。在西北地区出土的汉代至唐代的织物中,棉布曾屡有发现。到了明代,棉花已超过丝、麻、毛,成为主要的纺织原料。19世纪30年代,松江棉布大量行销欧洲,英国绅士风行用中国杭纺做衬衫,用天然棕色的松江紫花棉布做裤子。鸦片战争后,帝国主义国家开始向中国倾销机制棉纱棉布,中国棉纺织手工业由此逐渐衰落。

三、古代主要纺织工具

1. 纺坠。

纺坠是最古老的纺纱工具,其历史至少可追溯到新石器时代。考古资料显示,在目前遍布全国30多个省市的已发掘的早期文化遗址中,几乎都有纺坠的主要部件纺轮出土。出土的早期纺轮,一般由石片或陶片经简单打磨而成,形状不一,有的轮面上还绘有纹饰。

纺坠的出现不仅改变了原始社会的纺织生产，而且对后世纺纱工具的发展影响十分深远。纺坠作为一种简便的纺纱工具，被后世沿用了几千年。

2. 纺车。

古代通用的纺车，按结构可分为手摇纺车和脚踏纺车两种。手摇纺车的图像资料在出土的汉代文物中被多次发现，说明手摇纺车在汉代已非常普及。脚踏纺车是在手摇纺车的基础上发展而来的，目前能看到的有关脚踏纺车的最早的图像资料是江苏省泗洪县出土的曹庄东汉画像石。

手摇纺车

手摇纺车驱动时，需一手摇动纺车，一手整理纱线；而脚踏纺车驱动力来自于脚，纺妇能够用双手进行纺纱操作，大大提高了工作效率。纺车自出现以来，一直都是最普及的纺纱机具，即使在近代，一些偏僻的地区仍然把它作为主要的纺纱工具。

3. 水转大纺车。

水转大纺车是南宋时期发明的一种以水力为原动力的纺织工具。相较于之前的纺织工具，水转大纺车具有两大特色：一是用水力替代人力，大大减少了人力成本；二是纺车的锭子数目从 2 至 3 枚，提升到几十枚。这些特点使水转大纺车具备了近代纺纱机械的雏形，能够适应大规模专业化生产的需要。以纺麻为例，通用纺车每天最多纺麻 3 斤，而水转大纺车每天可纺麻 100 多斤，其功效是脚踏三锭纺车的 30 多倍。

水转大纺车是中国古代将自然力运用于纺织机械的一项重要发明，如单就以水力作原动力的纺纱机具而论，中国比西方早了 4 个多世纪。元明以后，棉花逐渐推广开来，人们对麻纱的需求量开始下降，加上棉花纤维短，弹性小，水转大纺车不适用于纺棉纱，因此其未被推广使用。

《农书》载水转大纺车

4. 踏板织机。

踏板织机是带有脚踏提综开口装置纺织机的通称，其最早出现的时间，目前尚缺乏可靠的史料说明。研究者根据史书所记载的战国时期诸侯间馈赠的布帛数量比春秋时期高达百倍的现象，及近年来各地出土的刻有踏板织机的汉画像石等实物史料，推测踏板织机的出现可追溯到战国时期。

到秦汉时期，黄河流域和长江流域的广大地区已普遍使用踏板织机。踏板织机采用脚踏板提综开口，是织机发展史上的一项重大发明，它将织工的双手从提综动作中解放出来，以专门从事投梭和打纬，大大提高了生产效率。

5. 提花机。

古代提花机

提花机的诞生最早可以追溯到商代。普通的古代织机只能织出平纹的织物，而提花机能织出带有复杂花纹的织物。到了汉代，提花机工艺已经用于斜织机和水平织机。

代表我国古代织造技术最高成就的花本式提花机诞生在东汉，又称“花楼”。用花楼进行织造时，需上下两人配合，一人为挽花工，坐在三尺高的花楼上挽花提综，一人踏杆引纬织造。

古时的提花机的发明代表了古人对科技的探索。在5000年农耕衣织的文化传承下，一纱一线纺织出无数的故事佳话，造就如今璀璨的华夏文明！

拓展迁移

◎ 你知道黄婆婆是谁吗？诵读以下沪语童谣，根据童谣内容简述黄婆婆的功绩。

黄婆婆，黄婆婆，
教我纱，教我布，
两只筒子两匹布。

第二节　地域菜系

术语辞典

菜系：也称“帮菜”，指在选料、切配、烹饪等技艺方面，经长期演变而自成体系，具有鲜明的地方风味特色，并为社会所公认的中国饮食的菜肴流派。

中国是一个餐饮文化大国，长期以来在某一地区由于地理环境、气候物产、文化传统以及民族习俗等因素的影响，形成有一定亲缘承袭关系、菜点风味相近、知名度较高并为部分群众喜爱的地方风味流派。

俗话说：“十里不同俗，百里不同味。”中华美食在烹饪中产生了许多流派，并经长期演变，形成最具影响力和为社会所公认的中国八大菜系，即鲁菜、川菜、粤菜、苏菜、浙菜、闽菜、徽菜、湘菜。

一个菜系的形成与它本身的悠久历史及独到的烹饪特色分不开，同时也受本地的自然地理、气候条件、资源特产、饮食习惯等影响。中国八大菜系的烹调技艺各具风韵，其菜肴的特色也各有千秋。

一、鲁菜

鲁菜即山东菜，由济南菜、胶东菜、孔府菜三种地方风味菜组成，是中国影响最大的宫廷菜系。鲁菜特点是清香、鲜嫩、味醇。济南历城为济南菜发源地，擅长爆、烧、炸、炒。烟台福山为胶东菜发源地，以烹制各种海鲜而驰名。

代表菜：一品豆腐、三丝鱼翅、糖醋鲤鱼、九转大肠、拔丝山药、诗礼银杏、油焖大虾、糟熘鱼片、糖醋里脊、阳关三叠、黄焖鸡块、奶汤鲫鱼、泰山三美汤、赛螃蟹、木须肉等。

二、川菜

川菜起源于四川、重庆，在口味上特别讲究色、香、味、形，兼有南北之长，享有“一菜一味，百菜百味”的美誉。辣椒、胡椒、花椒、豆瓣酱等是其主要调味品，且不同的配比可以配出麻辣、酸辣、椒麻、麻酱、蒜泥、芥末、红油、糖醋、鱼香、怪味等各种味型。川菜在口味上历来有“七味”“八滋”之说。

代表菜：鱼香肉丝、宫保鸡丁、麻婆豆腐、夫妻肺片、麻辣火锅、开水白菜、蚂蚁上树、蒜泥白肉、清蒸江团、灯影牛肉、回锅肉、钵钵鸡、串串香、担担面、龙抄手等。

三、粤菜

粤菜即广东菜，发源于岭南，由广州菜、潮州菜、东江菜发展而来，是海外中国的代表菜系。粤菜烹调技艺多样善变，用料奇异广博。其在烹调上以炒、爆为主，兼有烩、煎、烤，讲究清而不淡，鲜而不俗，嫩而不生，油而不腻，调味上有“五滋”“六味”之说。

代表菜：烧鹅、烤乳猪、蜜汁叉烧、清蒸石斑鱼、沙茶牛肉、麒麟鲈鱼、干炒牛河、香芋扣肉、煲仔饭、豉汁蒸排骨、潮州卤味拼盘等。

四、苏菜

苏菜由金陵菜、徐海菜、淮扬菜和苏锡菜四种地方风味菜组成，是宫廷第二大菜系。现今国宴仍以淮扬菜系为主。苏菜选料讲究，刀工精细，口味偏甜，造型美观，特色鲜明。苏州小吃是中国四大小吃之一，品种最多。

代表菜：金陵盐水鸭、蟹粉狮子头、扬州干丝、香菇炖鸡、松鼠鳜鱼、碧螺虾仁、响油鳝糊、糖醋排骨、太湖银鱼、扬州炒饭、文楼汤包、彭城鱼丸、卤汁豆干、小笼汤包、大闸蟹等。

五、浙菜

浙菜即浙江菜，富有江南特色，主要由杭州菜、宁波菜、绍兴菜、温州菜、金华菜发展而成。清淡雅致的浙菜的保养调理功能在中国菜系中首屈一指。浙菜选料要求细、特、鲜、嫩，以炒、炸、烩、熘、蒸、烧为主，注重本味。其菜品形态讲究，精巧细腻，清秀雅丽。

代表菜：西湖醋鱼、龙井虾仁、东坡肉、干炸响铃、西湖莼菜汤、梅干菜焖肉、蛤蜊黄鱼羹、叫化童鸡、油焖春笋、虾爆鳝背、荷叶粉蒸肉、雪菜大黄鱼、嘉兴粽子、宁波汤团等。

六、闽菜

闽菜即福建菜，是经历了数千年中原汉族文化和当地古越族文化的融合、交流而逐渐形成的，以福州菜、泉州菜、厦门菜等为代表。闽菜口味清鲜、淡爽，偏于甜酸。其烹调方法有炒、煨、煎、熘、糟等，其中最具特色的是“糟”。糟味调料本身具有很好的去腥臊、健脾肾、消暑火的作用，非常适合在夏天食用。

代表菜：佛跳墙、鸡汤汆海蚌、淡糟香螺片、荔枝肉、红糟醉香鸡、太极芋泥、锅边糊、福州鱼丸、海蛎煎、韭菜盒、建瓯板鸭、扁肉燕、沙县小吃、莆田米粉等。

七、徽菜

徽菜即安徽菜，由沿江、沿淮、徽州三个地区的地方菜为代表构成，以烧、炖、蒸为主要烹调方法。由于徽州多山多水，徽菜以烹饪山珍水产见长。徽州人喜爱常年饮茶，因此，徽菜一般油大，重芡，色深，重火工。其口感以咸、鲜、香为主。

代表菜：毛峰熏鲥鱼、符离集烧鸡、雪冬山鸡、火腿炖甲鱼、臭鳜鱼、黄山炖鸽、腐乳鸡、毛豆腐、香菇板栗、杨梅丸子、清蒸鹰龟、青螺炖鸭、方腊鱼、一品锅、中和汤等。

八、湘菜

湘菜即湖南菜，以湘江流域、洞庭湖区和湘西山区的菜肴为主要代表。湘菜特别讲究调味，色泽上油重色浓，口味上注重香鲜、酸辣。夏天炎热，其味清淡、香鲜；冬天湿冷，其味热辣、浓鲜。其烹调方法以煨、炖、腊、蒸、炒为主。

代表菜：东安子鸡、剁椒鱼头、腊味合蒸、组庵鱼翅、冰糖湘莲、红椒腊牛肉、发丝牛百叶、浏阳蒸菜、平江酱干、湘西外婆菜、糖油粑粑等。

知识延伸

苏轼（1037—1101），字子瞻，号“东坡居士”，北宋著名文学家、书法家、画家。苏东坡贬谪黄州期间，亲自动手烹饪红烧肉并将经验写入《食猪肉诗》中，但此菜当时并无名。之后，他在杭州做太守，组织民工疏浚西湖，筑堤建桥。传说百姓们感激苏东坡，便抬酒担肉给他拜年，苏东坡随后指点家人将肉做成红烧肉，分给百姓们吃，百姓们吃了都赞不绝口，于是亲切地称其为“东坡肉”。

拓展迁移

◎ 请结合本节内容，将八大菜系的所属地（除湖南外）填入全国口味顺口溜的对应空格内。

________甜，湖北咸，________、________咸又甜；宁夏、河南、陕甘青，又辣又麻外加咸；山西醋，________盐，东北三省咸加酸；黔赣两湘辣子酸，又麻又辣数________；________鲜，________淡，少数民族不一般。

第六章

天文地理视野广

不断向外拓展视野是人类的本能追求，浩瀚苍穹，山川胜迹，无不召唤着人们追问探寻。天文地理的广阔空间里，遍布华夏文明的足迹。

第一节　古代天象观察

术语辞典

观象授时：上古观天象、物候以确定时间，用于政事和农事。

一、古代天象记录

晴朗的夜空是美丽的。在广漠的天穹上，千万颗星星闪烁，河汉纵横，偶见流星划破夜幕流坠天际。在古代的夜晚，因为地面人家灯火稀少，所以大地几乎全是黑沉沉的，这更反衬出星空的炫丽、幽邃与神秘。星空吸引着人们好奇的目光，凝聚着人们探秘的思索。

中国古代对于天象的观察从原始社会就萌芽了。虽然古人没有现代先进的观测仪器，但是他们观测的自然条件非常好。那时候空气没有污染，大气的透明度非常高，夜晚也没有更多的人工光源的干扰，因此观测非常容易。在中国河南安阳出土的殷墟甲骨文中，已有丰富的天文现象的记载。中国有世界上最早、最完整的天象记载，是欧洲文艺复兴以前天文现象最精确的观测者和天象记录的最好保存者。

1. 满天星斗。

这满太空千万星斗如何认识呢？人们认识星空，犹如认识人海社会，先作个别认识，而后作群体认识，从家人、亲戚、邻居、朋友，到集体单位的同事。星空也是一样，从个别到星群，从少数到多数，先认最亮的，后记光亮微弱的。在夜空中，除了大而亮的月亮，人们把肉眼能观测到的星的亮度分为1～6六个等级，1等星最亮，6等星最暗。

满天星斗

人们如此认识，逐渐扩大范围，由少积多，甚至给有的星宿取了名字。战国时期，齐人甘德的《天文星占》和魏人石申的《天文》中记载了 120 颗恒星的位置。这是世界上最早的恒星表，比希腊人依巴谷编制的欧洲第一个恒星表早了 200 年。

流星雨

2. 流星雨。

星空中最神奇而又为大众所能看见的奇异天象是流星雨。中国古籍上记载，中国古人至少看到了 180 次流星雨。

流星着地为陨石。据统计，中国古文献中有 700 多次有关陨石事件的记载，其中最早的一次记录是在公元前 644 年，可见中国人对陨石的认知比欧洲人早 2000 多年。

3. 极光。

汉代人观察星空发现了一种异常的“流星雨”——极光。

《汉书·天文志》记载了公元前 32 年的极光现象。汉朝人不知极光而称之为“流星雨”。从这次极光出现至 1751 年，我国史书上共记录了极光现象

300次，其中有确切年月日的109次；而这期间，欧洲各国共记录极光现象110次，其中有确切年月日的仅32次。我国关于天象的历史记录不仅丰富，而且确切可信，可为当今研究利用。

极光

4. 彗星。

除了流星雨和极光，还有一种奇异天象就是彗星。

《春秋》上记录了鲁文公十四年（前613）出现的彗星："秋七月，有星孛入于北斗。"这里的"星孛"就是哈雷彗星。这颗彗星进入了北斗星区域。这是世界天文史上关于哈雷彗星的第一次记载。

彗星

英国天文学家哈雷于1682年发现，这颗彗星每隔76年出现一次，倒推历史，鲁文公十四年出现的彗星正是哈雷彗星。史书记载这颗彗星，从秦王政七年（前240）至辛亥革命的前一年（1911），共出现29次。这与哈雷的推算完全相同，无一次错误，且这颗彗星每次出现，中国都有详细记载。当今世界天文学家利用这个规律计算哈雷彗星轨道的变化，进而探索太阳系里是否还有未发现的新星。

5. 太阳黑子

有一种天象不是在夜间出现，而是在白昼出现，那就是“太阳黑子”。

太阳是人类光明之源，崇拜太阳是各民族的共同心理。太阳被人格化、人文化、宗教化后，人们只能歌颂，不能说三道四，损其神圣光辉。中国古人以科学的态度观测大千世界，有了种种发现，成果丰硕。汉代时，人们观察到了“太阳黑子”。

《淮南子·天文训》记载：“日中有踆乌。”意思是太阳里面有只踢脚的鸟。古代传说，太阳中有一只三足乌鸦，后羿挽强弓射中了三足乌鸦，乌鸦落下了羽毛。这个故事在屈原的诗《天问》中也有描写。

太阳黑子是太阳表面的“风暴”，因为温度低一些，在光球层的反衬下显出黑色。公元807年，欧洲人发现黑子现象，并认为太阳黑子是一些行星从太阳表面掠过时留下的影子。后来，意大利天文学家伽利略用望远镜观察，一开始

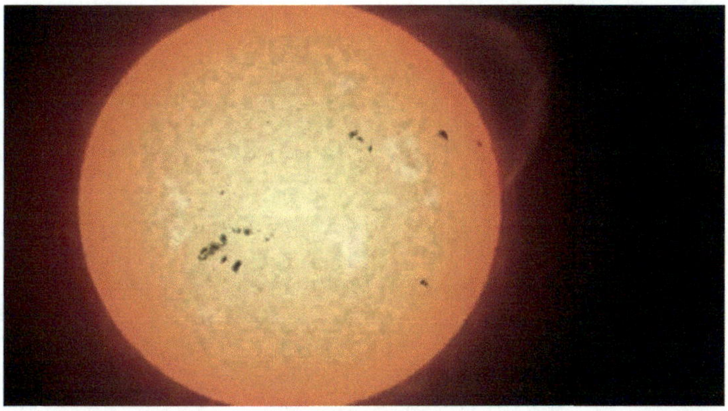

太阳黑子

他也认为太阳黑子是行星掠过时留下的影子，后来才确认太阳黑子是太阳本身的现象。欧洲人的这种认识比中国人晚了 1600 年！

绚烂的星空还有很多有趣的现象等待着大家去发现，让我们带着一颗好奇的心一起去探索吧！

拓展迁移

◎ 请你做个有心人，尝试在不同季节观察北斗星的勺柄指向，并总结出它的勺柄指向与季节的关系。

第二节　世界遗产览胜

在我国广袤的大地上，遍布名山大川，其中很多被收录为世界自然遗产。同学们知道世界自然遗产是由哪个机构评审的吗？成为世界自然遗产的条件是什么？中国目前有多少个世界自然遗产？接下来让我们具体了解一下。

一、世界自然遗产的定义

世界遗产分为自然遗产、文化遗产、自然与文化双遗产三大类。世界自然遗产是世界遗产的一部分，是被联合国教科文组织列入《世界遗产名录》的自然遗产。它是人类罕见的目前无法代替的财富，是全人类公认的具有突出意义和普遍价值的文物古迹和自然景观。

《保护世界文化和自然遗产公约》对“自然遗产”的定义为：(1)从审美或科学角度看，具有突出的普遍价值的由物质和生物结构或这类结构群组成的自然面貌；(2)从科学或保护角度看，具有突出的普遍价值的地质和自然地理结构以及明确划为受威胁的动物和植物生境区；(3)从科学、保护或自然美角度看，具有突出的普遍价值的天然名胜或明确划分的自然区域。

世界遗产标志

二、世界自然遗产的由来

1972 年 11 月 16 日，联合国教科文组织大会第 17 届会议在巴黎通过了《保护世界文化和自然遗产公约》(以下简称《公约》)。根据《公约》，设立了世界遗产委员会(World Heritage Committee)和世界遗产基金会(World Heritage Fund)。世界遗产委员会每年在不同的国家举行一次世界遗产大会，会议主要决定哪些遗产可以进入《世界遗产名录》，并对已列入名录的世界遗产的保护工作进行监督指导。

联合国教科文组织专门设置了世界遗产中心（World Heritage Centre），该中心又被称为“公约执行秘书处”。该中心协助缔约国具体执行《公约》，对世界遗产委员会提出建议，执行世界遗产委员会的决定。联合国教科文组织世界遗产委员会为了提高保护、评审、检测、技术援助等工作的水平，还特别邀请了世界自然保护联盟（The World Conservation Union）等国际上有权威的专业机构进行专业咨询。

三、世界自然遗产的评选标准

按照联合国教科文组织的有关规定，世界自然遗产的申报和评估具有严格的标准，凡列入《世界遗产名录》的自然遗产项目，必须符合以下一项特质，并同时符合真实性的标准：（1）构成代表地球演化史中重要阶段的突出例证；（2）构成代表进行中的重要地质过程、生物演化过程以及人类与自然环境相互关系的突出例证；（3）独特、稀有或绝妙的自然现象、地貌或具罕见自然美的地带；（4）是尚存的珍稀或濒危动植物种的栖息地，是生物多样的真实体系。

四、我国的世界自然遗产基本情况

截至2022年12月31日，中国世界遗产已达56项，位居世界第一，其中世界文化与自然双重遗产4项、世界自然遗产14项。因此，我国目前列入《世界自然遗产名录》的实际上共有18项，具体见下表：

序号	名称	世界遗产类别	申报成功时间	备注
1	山东泰山	文化与自然双重遗产	1987.12	世界首个双重遗产
2	安徽黄山	文化与自然双重遗产	1990.12	

续　表

序号	名称	世界遗产类别	申报成功时间	备注
3	四川黄龙国家级名胜区	自然遗产	1992.12	
4	湖南武陵源国家级名胜区	自然遗产	1992.12	
5	四川九寨沟国家级名胜区	自然遗产	1992.12	
6	四川峨眉山及乐山风景名胜区	文化与自然双重遗产	1996.12	
7	福建省武夷山	文化与自然双重遗产	1999.12	
8	“三江并流”自然景观	自然遗产	2003.07	
9	四川大熊猫栖息地	自然遗产	2006.07	
10	中国南方喀斯特	自然遗产	2007.06	
11	江西三清山风景名胜区	自然遗产	2008.07	
12	中国丹霞	自然遗产	2010.08	
13	中国澄江化石地	自然遗产	2012.07	
14	新疆天山	自然遗产	2013.06	
15	湖北神农架	自然遗产	2016.07	
16	青海可可西里	自然遗产	2017.07	
17	贵州梵净山	自然遗产	2018.07	
18	中国黄(渤)海候鸟栖息地	自然遗产	2019.07	

五、我国列入《世界自然遗产名录》的部分景观简介

1. 泰山(文化与自然双重遗产)。

泰山又名岱山、岱宗、岱岳、东岳、泰岳，有“五岳之首”“五岳之长”“天下第一山”之称，位于山东省中部，隶属于泰安市，绵亘于泰安、济南之间，主峰玉皇顶在泰安市北，海拔1532.7米，气势雄伟磅礴。

泰山被古人视为“直通帝座”的天堂，成为百姓崇拜、帝王告祭的神山。古代文人雅士更对泰山仰慕备至，纷纷前来游历，作诗记文。泰山宏大的山体上留下了20余处古建筑群，2000余处大小碑碣、摩崖石刻。道教、佛教视泰山为“仙山佛国”，神化泰山，在泰山建造了大量宫观寺庙。《泰山经石峪金刚经》为摩崖刻石，闻名中外。泰山还是黄河流域古代文化的发祥地之一。

泰山风景以壮丽著称。重叠的山势，厚重的形体，苍松巨石的烘托，云烟的变化，使它在雄浑中兼有明丽，静穆中透着神奇。泰山的古树名木，历史悠久，共计18000余株。

岱庙

泰山是中华民族的象征，是灿烂东方文化的缩影，是“天人合一”思想的寄托之地，是自然景观与人文历史结合的珍贵遗产。

2. 黄山（文化与自然双重遗产）。

黄山位于安徽省南部，号称“五百里黄山”。黄山古称“黟山”，唐天宝六年（747），唐玄宗下诏，将“黟山”改名为“黄山”。这里是一处资源丰富、生态完整、具有重要科学和生态环境价值的国家级风景名胜区和疗养避暑胜地，自然景观与人文景观俱佳。

黄山文化底蕴深厚，传轩辕黄帝曾在此炼丹，所以它是几千年来道家仙士的常游之所。黄山伟大的自然美，使无数诗人、画家和其他艺术家为之赞叹和陶醉，留下了不可胜数的艺术作品。李白、龚自珍、郭沫若等都有不少关于黄山的佳作流传于世。在散文中，徐霞客的《游黄山日记》、叶圣陶的《黄山三天》、丰子恺的《上天都》等都体现了黄山绝美秀丽的风姿。

黄山风景秀丽，以奇松、怪石、云海、温泉著名，并称“黄山四绝”。百年以上的黄山松数以万计，多生长于岩石缝隙中，有着顽强的生命力。已命名的黄山松近百株，其中名气最大的非“迎客松”莫属。

迎客松

黄山险峰林立，危崖突兀，峰脚直落谷底，山顶、山腰和山谷等处广泛分布着花岗岩石林和石柱，巧石怪岩犹如神工天成，形象生动，构成一幅幅绝妙的天然图画，其中著名的有“猴子观海”“梦笔生花”等。黄山的云海是一大奇观。“自古黄山云成海”，黄山瑰丽多姿的“云海”以美、胜、奇、幻享誉古今。黄山温泉，古称“灵泉”“汤泉”“朱砂泉”，由紫云峰下喷涌而出，与桃花峰隔溪相望。唐代诗人贾岛曾发出“遐哉哲人逝，此水真吾师”的感慨。

3. 四川黄龙国家级名胜区（自然遗产）。

黄龙位于四川省阿坝藏族羌族自治州松潘县东北，主景区黄龙沟位于岷山主峰雪宝顶下，面临涪江源流，似中国人心目中“龙”的形象，因而历来被喻为“中华象征”。

黄龙是中国唯一保护完好的高原湿地，海拔 1700～5588 米。岷山主峰雪宝顶终年积雪，是中国最东部的冰川遗址。黄龙以规模宏大、结构奇巧、色彩丰艳的地表钙华景观为主景，以罕见的岩溶地貌蜚声中外，景区内的彩池、雪山、峡谷、森林被称为“四绝”。沟中彩池会随着周围景色变化和阳光照射角度的变化而变幻出五彩的颜色，被誉为“人间瑶池”。黄龙多样的森林生态系统，为濒临灭绝的动植物提供了栖息地。

黄龙

4. 四川大熊猫栖息地（自然遗产）。

四川大熊猫栖息地自然遗产包括卧龙、四姑娘山、夹金山脉，涵盖成都、阿坝、雅安、甘孜 4 个市州 12 个县，这里生活着全世界 30% 以上的野生大熊猫，是全球最大最完整的大熊猫栖息地。

大熊猫

除了大熊猫，栖息地还保护了大量特有的濒危动物物种，包括其他 109 种哺乳动物（超过中国所有哺乳动物的 20%）中标志性哺乳动物物种，如小熊猫、雪豹、云豹。栖息地有鸟类 365 种，其中 300 种为本地独有。栖息地是全球除热带雨林外植物种类最丰富的区域之一，有 5000～6000 种植物，其中许多植物物种是古代遗存，如珙桐等。栖息地也是数百濒危传统药用植物的主要来源和基因库。它曾被保护国际（CI）选定为全球 25 个生物多样性热点之一，被世界自然基金会（WWF）确定为全球 200 个生态区之一。

5. 新疆天山（自然遗产）。

新疆天山，又称中国天山或东天山，指天山山脉分布在中国境内的部分。其古名白山，又名雪山，因冬夏有雪，才有此名。

新疆天山拥有天山最高峰托木尔峰（7443 米），长达 1760 千米，占天山总长度的 3/4 以上，横亘新疆全境，从新疆中部将其划分为南疆和北疆。它是中温带准噶尔盆地和暖温带塔里木盆地的天然地理分界，南北被塔克拉玛干沙漠和古尔班通古特两大沙漠环抱，是新疆地理的独特标志。

新疆天山是全球唯一由巨大沙漠夹持的大型山脉，以深居内陆的地理区位、温带大陆性干旱气候、山盆相间的地貌格局、众多的冰川河流、绝妙的自然景色、特殊的生物区系等诸多自然特征，成为全球温带干旱区大型山地生态系统的最典型代表。其拥有全球温带干旱区最为典型完整的山地垂直自然带谱，反映了温带干旱区山地生物多样性和生物生态过程受海拔、坡向与坡度的

新疆天山

水热空间变化影响的分布特征和变化规律。

新疆天山地形复杂，土壤类型多样，气候垂直差异明显，因而植物种类繁多，植被类型丰富，是很多物种最后的家园。

6.“三江并流”自然景观(自然遗产)。

“三江并流”是指金沙江、澜沧江和怒江这三条发源于青藏高原的大江在云南省内自北向南并行奔流170多千米，穿越在担当力卡山、高黎贡山、怒山和云岭等崇山峻岭之间，形成世界罕见的“江水并流而不交汇”的奇特自然地理景观。

“三江并流”地区是世界上蕴藏最丰富的地质地貌博物馆。景区内高山雪峰横亘，海拔变化呈垂直分布，汇集了高山峡谷、雪峰冰川、高原湿地、森林草甸、淡水湖泊等奇观异景。

“三江并流”自然景观地处东亚、南亚和青藏高原三大地理区域的交汇处，是世界上罕见的高山地貌及其演化的代表地区，也是世界上生物物种最丰富的地区之一。这一地区占我国国土面积不到0.4%，却拥有全国20%以上的高等植物和全国25%的动物种数。目前，这一区域内栖息着滇金丝猴、雪豹、孟加拉虎等77种国家级保护动物和秃杉、桫椤、红豆杉等34种国家级保护植物。

“三江并流”自然景观

同时，该地区还是16个民族聚居地，是世界上罕见的多民族、多语言、多种宗教信仰和风俗习惯并存的地区。长期以来，“三江并流”区域一直是科学家、探险家和旅游者的向往之地，他们对此区域的科学价值、美学意义和少数民族独特文化给予了高度评价。

拓展迁移

◎ 找出你所在的省份或你游览过的我国被评为世界自然遗产的自然景观，与同学们分享该自然遗产的主要特色。

◎ 应用你学习到的地理知识，分析你喜欢的世界自然遗产的地理特征。

◎ 请在网上查找联合国教科文组织关于世界自然遗产的遴选标准，并探究我国还有哪些自然景观有望申请成为世界自然遗产。

第七章 科学技艺显匠心

科学技术和工程技艺对人类社会的进步起着巨大作用，也是衡量一种文明发达程度的重要指标。一起来探究中华文明的科学技艺成就，传承前人的求索、创造和匠心精神。

第一节　古代容器拾趣

术语辞典

容器：用来盛物品的器具，如盒子、筐、盆、杯子等。在古代，容器有很多种，如盛酒器觥、尊等，煮饭用的炊煮器鬲（lì）、釜（fǔ）等，烹饪的器具鼎等。

一、古代容器的发展

中国古代容器按照材质分类，主要有陶器、青铜器、瓷器等。

1. 陶器的发展。

一般认为，陶器是随着史前人类进入新石器时代的定居生活而出现的。陶器是泥与火的结晶。中国人对黏土的认识由来已久，早在原始社会时期，人们已是处处离不开黏土。古人从实践中得知，被水浸湿后的土有黏性和可塑性，从而能塑造出一定的形状。先民们又进一步发现，晒干的泥巴被火烧之后，变得更加结实、坚硬，而且可以防水。如此，陶器产生的先决条件便由生活中诞生。

陶器具体是怎么发明的，目前还缺乏确凿的证据加以说明。过去比较流行的说法是原始人类用涂抹泥土的竹、木枝条筐篮汲水，由此受到启发，发明了在筐篮上敷贴泥土烧制陶器。可以推测，陶器的产生是和农业的发展联系在一起的，一般是先有了农业，然后才出现的陶器。

按照用途，可将原始陶器分为饮食器、炊煮器以及储藏器。饮食器有盆、钵、杯、碗、豆、勺等。这些器皿为了便于取拿，多为敞口。炊煮器有鼎、釜、鬲、鬶等，由于加热的需要，多为三足。储藏器有瓶、壶、罐、瓮等，多圆球、半球、鼓腹，以便储藏更多的食物和水。

陶器的出现，标志着新石器时代的开始。陶器大大改善了人类的生活条件，逐渐成为人们日常生活中不可缺少的用具。

2. 青铜器的发展。

青铜是人类历史上一项伟大发明。青铜发明后，立刻盛行起来，从此人类历史进入新的阶段——青铜时代。

一般把中国青铜器文化的发展划分为三大阶段，即形成期、鼎盛期和转变期。形成期是指龙山时代。虽然龙山时代的青铜器品种较少，多属于日常用工具，如刀、锥、钻、环、铜镜、装饰品等，但是当时人们已能够制造容器。在龙山文化中，常见红色或黄色陶嘴，且流口、腹裆部常有模仿的金属铆钉。鼎盛期包括夏、商、西周、春秋及战国早期。鼎盛时期的青铜器主要分为礼乐器、兵器及杂器。其中礼器是在古代繁文缛节的礼仪中使用的，或陈于庙堂，或用于宴饮、盥洗。青铜礼器带有一定的神圣性，是不能在一般生活场合使用的。所有青铜器中，礼器数量最多，制作也最精美。礼器种类包括烹炊器、食器、酒器、水器和神像类。这一时期的青铜器装饰最为精美，文饰种类也较多。转变期指战国末期至秦汉时期，这期间青铜器已逐步被铁器取代。

3. 瓷器的发展。

瓷器最早在商周时出现，即青釉原始瓷，造型相仿于同期的青铜器。东汉已烧制出成熟的瓷器。魏晋南北朝时期，中国已进入瓷器时代。在现代的发掘中，发现了不少北方瓷器，如河北景县出土的莲花尊，就已达到了很高的技艺水平。陶瓷开始成为人们生活器皿中的一个主要品种，逐渐取代青铜器和漆器的地位。陶瓷的主要品种有壶、尊、罐、碗、盘、杯、盒、瓶、灯、魂瓶、虎子等。这一时期，墓葬中的主要殉葬品也已用青瓷代替了陶器。隋代，白瓷烧制成功。这项伟大的成就，改变了青瓷一统天下的局面，开创了“南青北白”的新格局。唐代，是中国青瓷艺术发展的高峰时期。中国瓷器发展到宋代，传统瓷艺已达到最高的美学境界，也是“玉的精神”和类玉的品质体现得最为深刻的时代。钧、汝、官、哥、定五大名窑所取得的卓越成就，使中国在人类制瓷史上登峰造极。

二、古代容器精品鉴赏

1. 四羊方尊。

商代四羊方尊

四羊方尊是中国现存商代青铜方尊中最大的一件，其每边边长为52.4厘米，高58.3厘米，尊口外沿呈方形。它以四羊、四龙相对的造型展示了酒礼器中的至尊气象。羊成为青铜重器着力表现的对象，有其独特的象征意义。先秦时期，人们对羊的个性有两个归纳：一是善良知礼，二是外柔内刚。羊“跪乳”的习性，被视为善良知礼，甚至被后世演绎为孝敬父母的典范；外柔内刚也被引申出许多神圣的秉性。传说的始祖皋陶敬羊，《诗经·召南》中也有“文王之政，廉直，德如羔羊”的说法。羊最通俗或民间化的象征意义便是“吉祥”。从汉代开始，羊就与吉祥联系在一起，汉代瓦当、铜镜等铭刻中多见“宜侯王大吉羊(祥)”铭文，吉祥有时直接写成“吉羊”。

四羊方尊以异常高超的铸造工艺制成，造型简洁优美，寓动于静，极具端庄典雅意蕴，被认为代表了商代青铜器具制作的最高水平。

2. 成化斗彩鸡缸杯。

成化斗彩鸡缸杯是中国古代陶瓷中的艺术珍品，属于明代成化皇帝的御用酒杯。它是在直径约8厘米的撇口卧足碗外壁上，先用青花细线淡描出纹饰的轮廓线，后上釉入窑经1300℃左右的高温烧成胎体，再用红、绿、黄等色填满预留的青花纹饰中，二次入窑低温焙烧。杯外壁以牡丹湖石和兰草湖石将画面分成两组：一组绘雄鸡昂首傲视，一雌鸡与一小鸡在啄食一蜈蚣，另有两只小鸡玩逐；另一组绘一雄鸡引颈啼鸣，一雌鸡与三小鸡啄食一蜈蚣。画面形象生动，情趣盎然。

明代成化斗彩鸡缸杯

成化斗彩鸡缸杯在明清文献中多有记载，颇为名贵。明代《神宗实录》中写道：“神宗时尚食，御前有成化彩鸡缸杯一双，值钱十万。”另据明代沈德符《万历野获编》称：“成窑酒杯，每对至博银百金。”其中十万之值与白银百金相近，“值钱十万”，应指鸡缸杯的价值等于当时流通用的铜制十万枚制钱，“十万”是形容多的虚数。

拓展迁移

◎ 古代容器的分类有多种，如炊煮器、饮食器、盛食器、储藏器等，你知道下列容器属于哪一类吗？

勾叶纹彩陶钵

青铜灶

双耳尖底陶瓶

第二节　古代著名工匠

术语辞典

工匠：就是手艺工人。其专注于某一领域，针对这一领域的产品研发或加工过程全身心投入，精益求精、一丝不苟地完成整个工序的每一个环节。

一、鲁班

鲁班（生卒年不详），春秋时期鲁国人，中国古代建筑工匠。相传鲁班出身在一个工匠世家，从年轻开始就跟随家人参加土建劳动，积累了丰富的土木工程建造经验。他曾创造攻城的云梯和和磨粉的硙。他在木工方面的成就最为人称道。相传他曾发明了曲尺、墨斗、刨子、锯子等工具，将当时的工匠从繁重的劳动中解放出来，大大提高了工作效率，同时也将木匠工艺提升到一个很高的水平。他被后世建筑工匠、木匠尊为“祖师”。2000多年来，人们把古代劳动人民的集体创造和发明都集中到他的身上。因此，有关他的发明和创造的故事，实际上是中国古代劳动人民发明创造的故事。鲁班的名字已经成为古代劳动人民智慧的象征。

二、顾恺之

顾恺之（约345—409），东晋画家，字长康，晋陵无锡（今属江苏）人。

顾恺之博学多才，擅长诗赋、书法，尤精绘画，多作人物肖像、佛像、禽兽、山水等，尝有“才绝、画绝、痴绝”之称。其画笔迹周密、紧劲连绵，如春蚕吐丝，后人将其与南朝宋陆探微并称“顾陆”，其画法号为“密体”，以区别于南朝梁张僧繇、唐吴道子的“疏体”。

顾恺之在绘画理论上也有突出成就，著有《魏晋胜流画赞》《论画》《画云台山记》。他提出了“以形守神”“迁想妙得”等观点，主张绘画要表现人物的精神状态和性格特征，并重视对象的体验、观察，通过迁想妙得来把握对象的内在本质，在形似的基础上以形写神。顾恺之的绘画及绘画理论，为中国传统绘画的发展奠定了基础。存世《女史箴图》传是早期的摹本。所传另一作品《洛神赋图》，或说为宋摹本。

三、李春

李春（生卒年不详），隋代著名的桥梁工匠。他曾于开皇、大业年间建造了举世闻名的赵州桥，开创了中国桥梁建造的崭新局面，为中国桥梁技术的发展做出了巨大贡献。唐代中书令张嘉贞《安济桥铭》：“赵州洨河石桥，隋匠李春之迹也，制造奇特。”

赵州桥亦称“安济桥”。其在中国桥梁史上首次采用圆弧拱形式，改变了我国大石桥多为半圆形拱的传统。李春把以往桥梁建筑中采用的实肩拱改为敞肩拱，即在大拱两端各设两个小拱，既可以增加泄洪能力，又减轻重量，节省材料，且增美观。赵州桥的敞肩圆弧拱形式也是中国劳动人民的一大创造。西方在 14 世纪才出现敞肩圆弧石拱桥，比中国晚了 600 多年。李春在设计大桥的时候，采取了单孔长跨的形式，河心不立桥墩，使石拱跨径长达 37 米之多。在世界桥梁史上，其设计与工艺之新为石拱桥的典范，其跨度之大在当时亦属创举。

赵州桥

四、黄道婆

黄道婆(1245—?)，亦称“黄婆”。原松江府乌泥泾(今属上海市)人，元代著名的棉纺织家、技术改革家。黄道婆由于传授先进的纺织技术以及推广先进的纺织工具，而受到百姓的敬仰。

黄道婆出身贫苦，少年受封建家庭压迫流落崖州(治今海南三亚市崖州区)，劳动、生活在黎族劳动人民中，学会运用黎族制棉工具和织被的方法。

13 世纪末，黄道婆重返故乡，教人制棉，改革轧花车、弹棉椎弓、纺车等纺织工具以及织造、配花、织花等技术。由于松江一带人民迅速掌握了先进

黄母祠

的织造技术，一时“乌泥泾被不胫而走，广传于大江南北”。黄道婆去世以后，松江府曾成为全国最大的棉纺织中心。黄道婆促使松江一带棉纺织业繁荣发展，对当时植棉和纺织业起了推动作用。

“黄婆婆，黄婆婆，教我纱，教我布，二只筒子两匹布。”这是上海一带劳动人民世代相传的一首歌谣。这首歌谣表达了人们对黄道婆为我国棉纺织技术做出卓越贡献的感激。

五、徐光启

徐光启（1562—1633），字子先，号玄扈，上海人，明代科学家。较早师从利玛窦学习西方的天文历法、数学、测量和水利等科学技术，并将其介绍到中国，是介绍和吸收欧洲科学技术的积极推动者。

万历二十八年（1600），徐光启在南京结识了意大利传教士利玛窦，利玛窦带来的自鸣钟、日晷仪等引起了他对西方自然科学的浓厚兴趣。从那时起，他就萌发了借翻译西洋科技书籍来提高中国科技水平的想法。徐光启翻译的第一部西洋科技书是和利玛窦合作的《几何原本》。这本书由利玛窦口授，徐光启笔录。《几何原本》中文译本的问世为清代的数学研究奠定了基础。

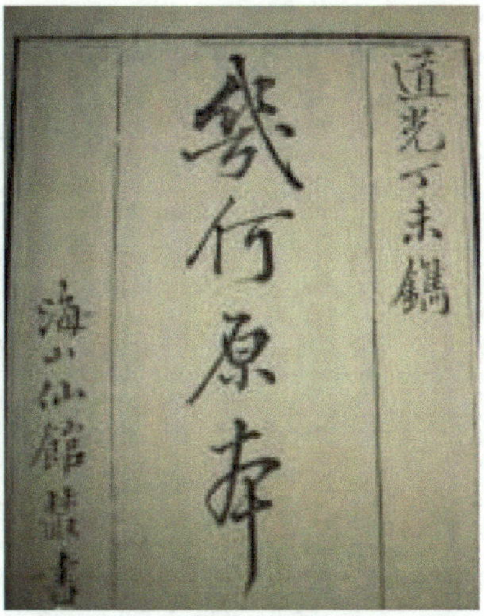

《几何原本》

徐光启一生关于农学方面的著作甚多，有《农政全书》《农遗杂疏》《泰西水法》等。《农政全书》基本上囊括了中国古代汉族农业生产和人民生活的各个方面。他主持改历工作，编成的《崇祯历书》经汤若望删改成《西洋新法历书》，并据此编出《时宪历》，沿用到清末。军事方面曾亲自练兵，负责制造火器，成功击退后金的攻击。

拓展迁移

◎ 制作一副七巧板来玩吧！

七巧板是中国传统智力玩具，由七块板组成，可拼成许多图形（1600 种以上）。它是中国古代劳动人民的发明，其历史至少可以追溯到公元前一世纪。明清时期，七巧板在中国民间广泛流传。18 世纪，七巧板流传到了国外。李约瑟说它是东方最古老的消遣品之一。英国剑桥大学的图书馆里至今还珍藏着一部《七巧新谱》。

怎么做七巧板呢？

准备材料：

一支铅笔、一把尺、一把剪刀、一块纸板（纸张）和几支彩笔。

制作方法：

① 在纸上画一个正方形，把它分为十六个小方格。

② 从正方形左下角到右上角画一条线。

③ 在正方形下面那条边的中间连一条线到右面那条边的中间。

④ 在正方形的左上角到右下角画一条线，当这条线碰到第二条线时就停住。

⑤ 从刚才画的那条线的尾端开始画一条与正方形下面的边平行的线，当这条线碰到正方形左下与右上的对角线时就停住；另外，从正方形右面那条边的中间到上面那条边的中间画一条线，当这条线碰到正方形左下与右上的对角线时就停住。

⑥ 把它们涂上不同的颜色并沿着刚画的线条剪开，你就有了一副全新的七巧板。

可以和同学们一起来玩了！

第三节　古塔建筑技艺

风景名胜，不仅有自然的鬼斧神工，更有天工巧夺。古塔凝聚着历史的过往，传诵着美丽的传说，象征着百姓的原始崇拜。古塔的造型千姿百态，衬托着柳影虫唱和天光云影。古塔存在之所，成为一处地标、一种风景、一张文化名片。

今天，就让我们一起做一个探访者，一起欣赏古塔的美丽风情吧！

一、古塔的起源与发展

1. 古塔的起源。

古塔是中国五千年文明史的载体之一，它为祖国城市山林增光添彩。塔被佛教界人士尊为佛塔。矗立在大江南北的古塔，被誉为中国古代杰出的高层建筑。

林岩寺辟支塔

“塔”是舶来品，是随着佛教的传入而出现的一种新的建筑类型。中国佛塔源于印度的窣堵波（梵语 Stupa 的音译），翻译成中文，最常见的是“浮屠”，后来中国人借用梵文“布达”（Buddha）的音韵，加上中文的偏旁部首“土”，组合成“塔”这个字。表示埋藏佛的土冢。

塔是用来埋葬佛的舍利的建筑物。舍利意为“身骨”，相传为释迦牟尼遗体火化后结成的珠状物，后来也泛指佛、高僧的遗骨。为了表达对佛的虔诚信仰，信徒们争相供奉舍利，于是保存舍利的“塔”应运而生。

我们从现存南北朝时期的敦煌壁画中可以看到最早的中国塔的形象。除此之外，早期著名的中国塔还有建于东汉永平十一年（68）的洛阳白马寺浮图、中平五年至初平四年(188—193)的徐州浮图祠，以及北魏熙平元年(516)的洛阳永宁寺浮图等。

2. 古塔的发展。

从历史文献的记载和我国现存古塔及古塔遗址的调查分析可知，古塔的发展大体上分为三个阶段。

第一阶段是从东汉到唐代初年。东汉时期盛行建造木构高楼，原因之一便是秦汉时期的帝王、贵族普遍热衷于求仙望气、承露接引等事。这一阶段，“仙人好楼居”的观念颇为流行。因此，木构高楼不仅是当时最显高贵的建筑，也是颇具神秘性的建筑。把萃堵波“嫁接”其上，非常利于佛教传播。这种由构架式楼阁与萃堵波结合而成的方形木塔自东汉时期问世以来，历经魏、晋、南北朝数百年而不衰。

第二阶段是从唐代经两宋至辽、金时期。这一时期，是古塔从以木塔为主转向以砖石塔为主的最后阶段，塔的平面从四方形逐渐演变为六角形和八角形。产生这种变化的原因有两个：一是造塔建筑工匠们在长期造塔实践中积累了丰富的经验，了解到这样的建筑变化有利于避震；二是为了满足人们登塔眺望、凭栏周览之需。

第三阶段是从元代经明代到清代。这一时期，塔在形式上有了一些新的变化，主要是塔刹比例有所变更，也出现了仿照印度佛陀伽耶金刚宝塔形式而来的金刚宝座式塔。但从整体来看，元代以后，塔的数量与之前相比已经大大减少，有些塔的建造与佛教的联系也越来越小。

二、古塔的结构与形制

1. 古塔的结构。

中国塔通常由四个部分组成，从下至上分别是地宫、塔基、塔身、塔刹。

地宫用于埋葬舍利，采用中国陵墓地宫、墓穴的方式。地宫内主要安放的东西是一个石函，石函内有层层函匣相套，最里面一层就是安放佛舍利之处。此外，地宫内还陪葬有各种器物、经书、佛像等。地宫是用砖石砌成的方形或六角形、八角形、圆形的地下室。

地宫

塔基是整个塔的下部基础，覆盖在地宫上。早期的塔基一般比较低矮，只有几十厘米。唐代以后，塔的基础部分有了急剧的发展，明显地分成基台与基座两部分。基台就是早期塔下比较低矮的塔基。在基台上，增加了一部分专门承托塔身的座子，称为基座。基台一般比较低矮，没有什么装饰。基座则日趋富丽，成为整个塔中雕饰最为华丽的部分。

塔身

塔身，用于供奉佛像、登临等用途，是塔的主体部分。由于塔的建筑类型不同，塔身的形式也各异。各种不同类型的塔，就是按照塔身的形制来划分的。

从塔身的内部结构看，主要有实心和空心两种。空心塔一般是可以登临的塔。空心塔的塔身可以分为以下几类：木楼层塔身、砖木混砌塔身、木中心柱塔身、砖石塔心柱塔身、高台塔身、覆钵体塔身。

塔刹俗称塔顶，就是安设在塔身上的顶子。在古印度，塔刹只作为萃堵波的表象而存在，结构、装饰都比较简单。传入中国后，塔刹与我国原有楼阁式建筑结合在一起，其结构、形式变得更为复杂、精细、美观。人们把塔刹的“刹”作为佛寺的别称，因此，寺也被称为刹，古寺也就被称为古刹了。

塔刹

2. 古塔的形制。

古塔形制丰富多样，大致分为七个类型：亭阁式塔、楼阁式塔、金刚宝座塔、密檐式塔、覆钵式塔、经幢式塔、花塔。

山东济南神通寺四门塔

（1）亭阁式塔。

亭阁式塔可以看作单层的楼阁式塔，外观如同中国式亭阁顶上加上印度式塔刹。塔平面有四角形、六角形、八角形、圆形等。早期的亭阁式塔为木结构，后来被砖结构所取代。最初，塔身内设神龛，供奉佛像或墓主人雕像，后逐渐发展为僧人墓塔。著名的有山东济南神通寺四门塔、河南登封净藏禅师塔等。

（2）楼阁式塔。

山西应县木塔

楼阁式塔来源于中国传统建筑中的楼阁。佛教传入中国后，为了适应中国的习惯，以楼阁形式作为礼佛的纪念性建筑物。楼阁式塔可供奉佛像，还兼有登高望远，甚至军事瞭望的功用。

楼阁式塔的造型特征是下有台基、基座，上有木结构或砖石仿木结构的多层塔身，梁、枋、柱、斗拱等构件一应俱全。塔平面以正方形、八边形或六边形为多，塔顶呈攒尖状，塔刹部件以覆钵、相轮为主，但形制多样。有的楼阁式塔的第一层有外廊，外廊的加入增强了上部的稳定性，可有效地防止地基被雨水冲刷，从而提高塔的寿命。

楼阁式塔是中国塔的发展主流，多见于长江以南的广大地区。著名的有山西应县木塔、河北定州开元寺砖塔、福建泉州开元寺双石塔等。

（3）金刚宝座塔。

北京真觉寺金刚宝座塔

金刚宝座塔起源于印度，象征对密宗金刚界佛祖的礼拜。最早的金刚宝座塔是印度的菩提伽耶佛塔，相传这里是释迦牟尼成道处。佛塔大约于 5 世纪建造，屡毁屡建。今存为 19 世纪重建的金刚宝座塔，主塔高约 50 米，四角有 4 座与大塔相似的小塔。

中国的金刚宝座塔最早出现于敦煌北周石

窟的壁画，以及山西朔州崇福寺的北魏石刻。现存最早的建筑实物是明代的北京真觉寺金刚宝座塔。

(4) 密檐式塔。

北京天宁寺塔

密檐式塔从楼阁式塔发展而来。木造楼阁式塔在转化成砖石塔的过程中，向两个方向发展，分别是砖石仿木构楼阁式塔和密檐式塔。密檐式塔有以下三个特征：

首先，第一层塔身比例特别大，是全部塔身的重点，装饰丰富。大多饰以佛龛、佛像、门窗、斗拱等，佛教内容与艺术手法都集中于此。其次，第一层塔身以上，塔檐紧密相连，层层重叠，各层之间距离短小，没有门窗、柱子等楼阁结构。早期设有小窗，之后逐渐消失。如需采光通风，就在檐与檐之间开小空洞，但与内部楼层没关系。最后，大部分密檐式塔不能登临。早期密檐式塔虽然纵向有楼梯，但并不为登塔眺望之用。辽金时期的密檐式塔多为实心，完全不能登临。

这种塔在北方一直延续到明代以后仍不断建造。著名的有北京天宁寺塔、河南登封嵩岳寺塔、陕西西安荐福寺小雁塔等。

北京妙应寺白塔

(5) 覆钵式塔。

元代，窣堵波再度从尼泊尔传入内地，并与藏传佛教相结合，形成一种独特的古塔形式，称作覆钵式塔，或者喇嘛塔。

覆钵式塔的基本结构由四部分组成，从下至上分别是基座、塔身、相轮和塔刹。基座有方形、八角形、多边形，圆形少见。塔身也称塔肚子或覆钵，基本保持了坟冢的模样。相轮又称塔脖子，最多可以有十三层，所以也叫“十三天”。塔刹由伞盖和宝顶组成。现存最早、最大的一座喇嘛塔是北京妙应寺白塔。明清时期，喇嘛塔继续发展，成为高僧、和尚、喇嘛圆寂之后墓塔的主要形式，俗称“和尚坟”。著名的喇嘛塔还有扬州瘦西湖白塔、山西大同法华寺白塔、西藏桑耶寺塔等。

河北赵县经幢

(6) 经幢式塔。

经幢式塔是模仿佛教法器宝幢的形式，结合塔在建筑结构艺术上的特点发展而来的。“幢”本是寺院中八边形的柱状法器，幢身上下垂丝帛，丝帛上绣有佛经或佛名，后被石质经幢替代。幢身主要镌刻《佛顶尊圣陀罗尼经》或幢主姓名及生平。经幢式塔兴起于唐代，盛行于辽代，延续到清代，其中有的为经塔，有的为墓塔。

公元7世纪后半期，随着密宗东来，佛教建筑出现一种新类型——经幢。中唐以后，净土宗也建造经幢，数量渐多。其中奉弥勒佛为主的仅在殿前建经幢一个，奉阿弥陀或药师的则在殿前建两个或四个经幢。这时的经幢逐渐采用多层形式，以须弥座与仰莲承托幢身，雕刻日趋华丽。从五代到北宋，经幢的发展达到最高峰。现存宋朝诸幢中，河北赵县经幢的体量最大，而且形象华丽，雕刻精美，属于经幢式塔的典型代表作品。

(7) 花塔。

花塔的塔身上半部装饰有各种繁复的花饰，看上去好像一个巨大的花束，因此称为花塔，也称华塔。花塔上装饰的内容由简而繁、丰富多彩，有巨大的莲瓣，有密布的佛龛，有雕刻的各种佛像、菩萨、天王力士、神人、动物形象等，用来表现佛教中的莲花藏世界。有些花塔还涂上各种色彩，看起来富丽堂皇。

河北正定广惠寺华塔

山西五台山佛光寺的唐代解脱禅师墓塔，顶上装饰重叠的大型莲瓣，可说开花塔之先声。宋、辽、金时期，真正形成花塔这种类型的塔。全国现存花塔有10多处，著名的有河北正定广惠寺华塔、西安宝庆寺华塔等。

三、古塔诗韵

屈　原　塔

［宋］苏　轼

楚人悲屈原，千载意未歇。
精魂飘何处，父老空哽咽。
至今沧江上，投饭救饥渴。
遗风成竞渡，哀叫楚山裂。
屈原古壮士，就死意甚烈。
世俗安得知，眷眷不忍决。
南宾旧属楚，山上有遗塔。
应是奉佛人，恐子就沦灭。
此事虽无凭，此意固已切。
古人谁不死，何必较考折。
名声实无穷，富贵亦暂热。
大夫知此理，所以持死节。

【赏析】

嘉祐四年（1059），苏轼侍父入京，途经忠州南宾县（今重庆丰都），看到这个与屈原毫无关系的地方竟建有一座屈原塔，感到很惊异，便写下这首诗。这首诗前八句写端午节投粽子、赛龙舟习俗与屈原的关系，接下来推测屈原塔的来历，末八句赞美屈原不苟求富贵而追求理想的节操。

雁　塔　晨　钟

［清］朱集义

噌吰初破晓来霜，
落月迟迟满大荒。
枕上一声残梦醒，
千秋胜迹总苍茫。

小雁塔

【赏析】

“雁塔晨钟”是清代“关中八景”之一，指陕西省西安市城南荐福寺内的小雁塔及荐福寺钟楼内的古钟。最早让其闻名遐迩的就是清代文人朱集义写的这首诗。作者在诗中描绘了浑厚宏亮的钟声和苍茫高耸的雁塔。当晨钟敲响之时，绚丽的晨曦朝霞映衬着俊秀的塔影，天光云影与悠扬钟声相融合，形成景胜一绝！

雷　峰　塔

［明］张　岱

闻子状雷峰，老僧挂偏裰。
日日看西湖，一生看不足。
时有薰风至，西湖是酒床。
醉翁潦倒立，一口吸西江。
惨淡一雷峰，如何擅夕照。
遍体是烟霞，掀髯复长啸。
怪石集南屏，寓林为其窟。
岂是米襄阳，端严具袍笏。

雷峰塔

【赏析】

雷峰塔位于浙江省杭州市西湖区，地处西湖风景区南岸夕照山之上，是吴越国王钱俶为供奉佛舍利、祈求国泰民安而建。它是中国九大名塔之一，中国首座彩色铜雕宝塔。这首诗描写了“雷峰夕照”（西湖十景之一）图景，将夕照烟霞、怪石树林之景与诗人赏景之忘我形象融为一体。

与高适薛据同登慈恩寺浮图

［唐］岑　参

塔势如涌出，孤高耸天宫。
登临出世界，磴道盘虚空。
突兀压神州，峥嵘如鬼工。
四角碍白日，七层摩苍穹。
下窥指高鸟，俯听闻惊风。
连山若波涛，奔凑似朝东。
青槐夹驰道，宫馆何玲珑。

秋色从西来，苍然满关中。
五陵北原上，万古青濛濛。
净理了可悟，胜因夙所宗。
誓将挂冠去，觉道资无穷。

【赏析】

天宝十一年(752)，岑参从安西回京述职，邀请高适、薛据等诗友出城郊游。他们来到慈恩寺，见到巍峨的宝塔，然后拾级而上，触景生情，于是岑参写下上面这首诗。此诗前十八句描绘出慈恩寺的孤高、突兀、超逸绝伦的气势，以及佛塔周围苍茫、清幽的环境，烘托出一派超脱虚空的气氛；末尾四句抒发情怀，流露出怅惘之情。全诗主要描写佛塔孤高危耸的情态，表达了诗人登临后忽然领悟禅道，萌生持冠追求大觉之道的念头。

六　和　塔

[清]林则徐

浮屠矗立俯江流，暮色苍茫四望收。
落日背人沉野树，晚潮催月上沙洲。
千家灯火城南寺，数点帆归海外舟。
莫讶山僧苦留客，有情江水也回头。

六和塔

【赏析】

六和塔位于浙江省杭州市西南钱塘江滨月轮峰下。北宋开宝三年(970)，吴越王钱俶为镇江潮而建此塔，并取佛教“六和敬”之义，命名为六和塔。也称为六合塔，取“天地四方”之意。

诗人描写自己黄昏之时登塔远望，见到落日西沉、夜月初升、野树暮霭、灯火点点的动人画面。

拓展迁移

◎ 根据这一章所学的内容，判断这四座塔分别属于什么类型？

大雁塔（　　）

小雁塔（　　）

海宝塔（　　）

崇圣寺三塔（　　）

◎ 同学们的家乡也有很多古塔吧。请为你的家乡策划一本关于古塔的旅行手册，其中包含古塔的图片、古塔的形制、古塔的故事、古塔的诗文等等。我们来看看谁的策划最有创意。请大家行动起来！

第八章

道法自然养身心

大自然包蕴无穷，中国古人善于从自然中寻求补益身体、陶冶性情的养分，彰显出中华传统文化“人法地，地法天，天法道，道法自然”的智慧。

第一节　谈医说药

远古时的神农氏是中华民族的祖先之一，传说是他教会人们播种五谷并识别各种植物的，因此，他也是农业的始祖。神农发现草木有酸、甜、苦、辣、咸等各种味道，他将带有苦味的草给咳嗽不止的人吃，咳嗽不止的人咳嗽立刻减轻，将带有酸味的草给肚子疼的人吃，肚子疼的人疼痛便减轻了。于是，神农决心尝遍所有的植物，找出其中可以食用和治病的种类。就这样，神农辛苦地尝遍百草，为后代留下了珍贵的中药学知识。

术语辞典

《神农本草经》：简称《本经》，是我国现存最早的中药学专著。《本经》载药365种，其中有植物药252种，动物药67种，矿物药46种。根据药物的性能和功效，《本经》将这365种药物分为上、中、下三品。《本经》记载的药物疗效大部分是真实可靠的。

一、华佗

华佗（？—208），又名旉，字元化，沛国谯（今安徽亳州）人，东汉末医学家，与董奉、张仲景并称为“建安三神医”。少时曾在外游学，行医足迹遍及安徽、河南、山东、江苏等地，钻研医术而不求仕途。

华佗医术全面，尤其擅长外科，精于手术，被后人称为“外科圣手”“外科鼻祖”；精通内、妇、儿、针灸各科，临证施治，诊断精确，方法简捷，疗效神速，被誉为“神医”；发明了麻沸散，开创了世界麻醉药物的先例。欧美全身麻醉外科手术的记录始于18世纪初，比华佗晚1600余年。《世界药学史》指出，阿拉伯人使用的麻药可能是由中国传过去的，因为“中国名医华佗最精此术”。华佗也是中国古代医疗体育的创始人之一，他不仅善于治病，还特别提倡养生之道。华佗继承和发展了前人“圣人不治已病，治未病”的预防理论，为年老体弱者编排了一套模仿猿、鹿、熊、虎、鸟等五种禽兽姿态的健身操——“五禽戏”。

二、张仲景

张仲景（约150—约215），名机，字仲景，南阳涅阳（今河南邓州）人。东汉末年医学家，被后人尊称为“医圣”。

张仲景广泛收集医方，写出了传世巨著《伤寒杂病论》。《伤寒杂病论》是我国最早的理论联系实际的临床诊疗专书，被后世医家誉为“万世宝典”。它系统地分析了伤寒的原因、症状、发展阶段和处理方法，创造性地确立了对伤寒病的“六经分类”的辨证施治原则，奠定了理、法、方、药的理论基础。《伤寒杂病论》是中国医学史上影响最大的著作之一，也是后世学者研习中医必备的经典著作，广泛受到医学生和临床大夫的重视。

三、孙思邈

孙思邈（581—682），京兆华原（今陕西铜川）人，唐代医学家，历史上记载的最长寿的医生。

孙思邈70岁时著成《千金要方》一书，后又用30年时间，完成《千金翼方》。在《千金翼方》中，他系统总结了唐以前的医学成就，记述了本草、制药、内外妇儿等多科病种，还涉及养生、导引、体疗、按摩等多方面知识。《千金要方》和《千金翼方》是中国最早的临床百科全书。

四、李时诊

李时珍（1518—1593），字东璧，蕲州（今湖北蕲春）人，明代医药学家。他 14 岁考中秀才，之后 9 年 3 次考举人都落榜，于是放弃科举之路，决定专心学医。经过 10 余年的刻苦钻研，李时珍 30 多岁时便成了当地很有名望的医生。为了修正前人的错误，他开始编写《本草纲目》，并亲自尝药验证。李时珍历时 27 年，终于在 1578 年编成《本草纲目》。

《本草纲目》原书 52 卷，分为 16 部，约 190 万字。全书收纳诸家本草所收药物 1518 种，新增药物 374 种，合计 1892 种，还辑录了药方 11096 个，附药物形态图 1100 余幅。这部著作吸收了历代本草著作的精华，尽可能地纠正了前人的错误，补充了不足，集我国 16 世纪之前药学成就之大成。

拓展迁移

◎ 虽然中成药的制作工艺比较复杂，但是制作一些常用的传统药膳却很简单。秋梨膏是一道常用的传统药膳，可以润肺止咳、润肠通便，对咳嗽、便秘有很好的疗效，尤其适合在干燥的秋季服用。一起来尝试自己动手制作秋梨膏吧。

准备材料：

秋梨（成人拳头大小的鸭梨）4 个、干红枣 15 个、老姜（拇指大小）1 块、川贝粉（中药店有售）1 小勺、蜂蜜 1 小碗、冰糖 1 小碗。

制作方法：

① 将秋梨洗干净，削去外皮，用擦板把梨擦成梨蓉和梨汁，放在

碗中备用;洗净干红枣,去核备用;削去老姜外皮,然后切成细丝备用。

② 把梨蓉、梨汁、干红枣、冰糖和姜丝放入汤锅中(最好用砂锅,不要用铁质的和不锈钢的汤锅),大火煮开,然后盖上盖子,转小火慢慢熬煮约30分钟。

③ 用漏勺捞出汤锅中的梨蓉、姜丝和红枣,放入川贝粉,继续用小火熬煮约60分钟,关火后晾凉。

④ 在熬好的秋梨汤中加入蜂蜜并混合均匀,最后装入密封罐中入冰箱保存。饮用时,可取1~2勺秋梨膏,用温开水冲调即可。

第二节　品花雅集

一、花中之魁——梅花

梅，"独天下而春"，乃中国十大名花之首，作为传春报喜、吉庆的象征，从古至今一直被中国人视为吉祥之物。"梅具四德，初生为元，是开始之本；开花为亨，意味着通达顺利；结子为利，象征祥和有益；成熟为贞，代表坚定贞洁。"此为梅之"元亨利贞"四德。梅开五瓣，象征五福，即快乐、幸福、长寿、顺利与和平。

1. 基本信息。

中文学名	梅花	科	蔷薇科
拉丁学名	*Armeniaca mume* Sieb.	亚科	梅亚科
别称	酸梅、绿萼梅、绿梅花、白梅、清客	属	杏属
分布区域	江浙一带	种	梅
界	植物界		
门	被子植物门		
纲	双子叶植物纲		
目	蔷薇目		

术语辞典

中文学名：指通俗的名称，多与地方性语言有关。这里称作"中文学名"，是指在中文使用地区为正式的名称，与拉丁学名有本质区别。

2. 形态特征。

花单生或有时两朵同生于一芽内，直径 2～2.5 厘米，香味浓，先于叶开放；花萼通常为红褐色，但有些品种的花萼为绿色或绿紫色；花瓣呈倒卵形，白色至粉红色。

3. 赏花品诗。

梅　花

［宋］王安石

墙角数枝梅，
凌寒独自开。
遥知不是雪，
为有暗香来。

［宋］马麟（传）《梅花小禽图》

【赏析】

前两句写墙角的梅花不惧严寒，傲然独放；后两句写梅花的幽香。凌寒独开，比喻人的品格高贵；暗香沁人，象征其人才华横溢。此诗喻示诗人拥有梅花坚强和高洁的品格，即使处于逆境中，仍然能坚持操守，主张正义。

二、花中之王——牡丹花

牡丹又名洛阳花、富贵花，是中国特有的花卉之一，被誉为花中之王。古人称牡丹为“国色”“国香”“国艳”“国貌”等。牡丹雍容大度，花开富贵，是吉祥富贵的象征。它在我国人民心中有特殊的地位，有丰富的文化象征意义。它也是观赏花卉中无可比拟的上品，所谓“花中之王”“国色天香”的赞誉绝不是偶然的，是历史选择、鉴别的结果。

1. 基本信息。

中文学名	牡丹	目	毛茛目
拉丁学名	*Paeonia suffruticosa* Andr.	科	芍药科
别称	鼠姑、鹿韭、白茸、木芍药、百两金、洛阳花、富贵花等	属	芍药属
		种	牡丹
界	植物界		
门	被子植物门		
纲	双子叶植物纲		

术语辞典

拉丁学名：一种植物的正式学名要用拉丁文或拉丁化的希腊文加以表达，这使世界各国在植物学的交流上得到很多便利。所以，拉丁学名才是真正的国际通用的生物名称。国际上所采用的植物学名，是林奈所创立的“双名法”，即植物的学名统一由属名和种加词组成，并统一用拉丁文表示。在学名后附加该植物的命名人或命名人的缩写，所以一个完整的植物学名包括属名、种加词和命名人。并规定属名和命名人的第一个字母要大写，属名和种加词需用斜体表示，而命名人不需要用斜体。

2. 形态特征。

花单生枝顶，直径10～17厘米；花梗长4～6厘米：苞片5，长椭圆形，大小不等；萼片5，绿色，宽卵形，大小不等；花瓣5，或为重瓣，玫瑰色、红紫色、粉红色、白色。雄蕊长1～1.7厘米，花丝紫红、粉红色，上部白色，长约1.3厘米，花药长圆形，长4毫米。膏葖长圆形，密生黄褐色硬毛。花期5月，果期6月。

3. 赏花品诗。

［清］马逸《国色天香图》

赏　牡　丹

［唐］刘禹锡

庭前芍药妖无格，
池上芙蕖净少情。
唯有牡丹真国色，
花开时节动京城。

【赏析】

本诗以芍药“妖无格”和芙蕖“净少情”来衬托牡丹的高标格和富于情韵之美，其中蕴含了作者心中的理想人格精神。

三、君子之花——兰花

自古以来中国人民爱兰、养兰、咏兰、画兰，古人曾有“观叶胜观花”的赞叹。人们更欣赏兰花以草木为伍，不与群芳争艳，不畏霜雪欺凌，坚忍不拔的刚毅气质，“芝兰生于幽谷，不以无人而不芳”。兰花历来被人们当作高洁、典雅的象征，与梅花、竹、菊花一起被称为“花中四君子”。

1. 基本信息。

中文学名	兰科
拉丁学名	*Cymbidium* Ssp.
别称	中国兰、春兰、兰华、山兰、国香
界	植物界
门	被子植物门
纲	单子叶植物纲
目	兰目

续　表

科	兰科
属	芍药属
种	全球 48 种，中国 29 种

术语辞典

叶序：叶在茎上排列的方式。植物体通过一定的叶序，使叶均匀地、适合地排列，充分地接受阳光，有利于光合作用的进行。

2. 形态特征。

总状花序具数花或多花，颜色有白、纯白、白绿、黄绿、淡黄、淡黄褐、黄、红、青、紫。

3. 赏花品诗。

题杨次公春兰

［宋］苏　轼

春兰如美人，不采羞自献。
时闻风露香，蓬艾深不见。
丹青写真色，欲补离骚传。
对之如灵均，冠佩不敢燕。

【赏析】

本诗前四句写兰的非凡风姿，后四句写人对兰的倾心爱慕，通过对兰花的描绘，表现了作者对兰花的赞美之意和崇敬之情，同时对画作也给予了肯定评价。

［清］恽寿平《兰花图》

四、水中芙蓉——荷花

荷花种类很多，分观赏和食用两大类，原产亚洲热带和温带地区。中国早在周朝时期就有关于荷花的栽培记载。荷花全身都是宝，藕和莲子能食用，莲子、根茎、藕节、荷叶、花及种子的胚芽等都可入药。其出淤泥而不染的品格一直为世人称颂。“接天莲叶无穷碧，映日荷花别样红”就是对荷花之美的真实写照。荷花“中通外直，不蔓不枝，出淤泥而不染，濯清涟而不妖”的高尚品格，历来是文人墨客歌咏绘画的题材。

1. 基本信息。

中文学名	荷花	纲	双子叶植物纲
拉丁学名	*Nelumbo nucifera* Gaertn.	目	毛茛目
别称	莲花、水芙蓉、藕花、芙蕖、水芝、水华、泽芝、中国莲	科	睡莲科
界	植物界	属	莲属
门	被子植物门	种	荷花、黄莲花

术语辞典

分类阶元：taxonomic category，是生物分类学确定共性范围的等级。现代生物分类采用的有：界(Kingdom)、门(Phylum)、纲(Class)、目(Order)、科(Family)、属(Genus)、种(Species)等7个必要的阶元。

2. 形态特征。

花单生于花梗顶端，直径10～20厘米。萼片4～5，早落；花瓣一般有10到12片，红色、粉红色或白色。荷花为两性花，由花萼、花冠、雄蕊群、雌蕊群、花托、花柄组成。

3. 赏花品诗。

晓出净慈寺送林子方

[宋]杨万里

毕竟西湖六月中，
风光不与四时同。
接天莲叶无穷碧，
映日荷花别样红。

[元]佚名《莲花图》

【赏析】

本诗描写了西湖六月的美景，并通过对西湖美景的赞美，表达对友人深情的眷恋。前两句说明六月西湖与其他季节不同的风光，是足可留恋的；后两句用充满强烈色彩对比的句子，给读者描绘出一幅大红大绿、精彩绝艳的画面。

知识延伸

荷花的仿生学

① 荷花效应

荷花效应也叫作自清洁效应，主要应用在物体表面，可以实现防水防油的效果。可以保持物体表面的清洁，减少了洗涤剂对环境的污染，既安全又省力。

荷花何以出淤泥而不染？是因为它的表面十分光滑，污垢难以停留？不是。科学家用扫描电子显微镜观察，发现荷花的花瓣表面像毛玻璃一样毛糙，尽是20微米大小的“疙瘩”。这一被称为“荷花效应”的发现给人意外的启示。它启发人们去研制涂料和油漆，使墙面像荷花一样不受污染，永葆鲜艳色彩。

② 莲蓬和花洒

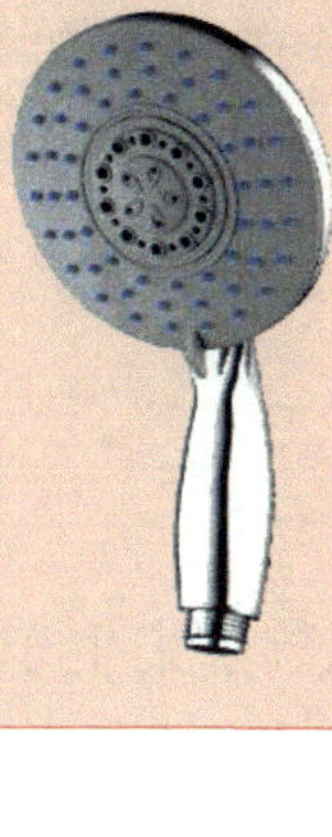

五、凌霜绽妍——菊花

菊花是中国十大名花之一，花中四君子(梅、兰、竹、菊)之一，也是世界四大切花(菊花、月季、康乃馨、唐菖蒲)之一，产量居首。因菊花具有清寒傲雪的品格，所以它被古人赋予吉祥、长寿的含义。菊花是经长期人工选择培育的名贵观赏花卉。公元8世纪前后，作为观赏的菊花由中国传至日本。17世纪末，荷兰商人将中国菊花引入欧洲。18世纪，菊花传入法国。19世纪中期，菊花被引入北美。此后，中国菊花遍及全球。

1. 基本信息。

中文学名	菊花	纲	双子叶植物纲
拉丁学名	*Dendranthema morifolium* (Ramat.) Tzvel.	目	桔梗目
别称	寿客、金英、黄华、秋菊、陶菊	科	菊科
界	植物界	属	菊属
门	被子植物门	种	菊花

术语辞典

别称：正式名称以外的名称。别称与“中文学名”相比较，更具有各个地方的文化特点，更有历史渊源。别称种类繁杂，无法统一。

2. 形态特征。

头状花序单生或数个集生于茎枝顶端，直径2.5～20厘米，大小不一，单个或数个集生于茎枝顶端；因品种不同，差别很大。花期9—11月。雄蕊、雌蕊和果实多不发育。

3. **赏花品诗**。

饮酒(其五)

［魏晋］陶渊明

结庐在人境，而无车马喧。
问君何能尔？心远地自偏。
采菊东篱下，悠然见南山。
山气日夕佳，飞鸟相与还。
此中有真意，欲辨已忘言。

［元］佚名《菊花小鸟图》

【赏析】

本诗是陶渊明《饮酒二十首》中的第五首。前四句诗表现出诗人避世的态度，即对权位、名利的否定。接下来四句，诗人写人物活动与自然景观，把哲理寄寓在形象之中。最后两句，是对全诗的总结：在这里可以领悟到生命的真谛，可是想要把它说出来，却已经找不到合适的语言来表达。

总体来说，本诗表达了诗人厌倦官场腐败，决心归隐田园、超脱世俗的追求的思想感情。

六、花中皇后——月季

月季花为中国十大名花之一，被誉为“花中皇后”。新的考古发现，月季花是华夏先民北方系——相当于传说中的黄帝部族的图腾植物。它不仅有一种坚韧不屈的精神，而且花香悠远。月季花原产于中国，早在汉代就有栽培，唐宋以后更是栽种不绝。历来文人留下了不少赞美月季的诗句。它作为幸福、美好、和平友谊的象征，深受人们喜爱。

1. **基本信息**。

中文学名	月季	纲	双子叶植物纲
拉丁学名	*Rosa chinensis* Jacq.	目	蔷薇目
别称	月月红、长春花、四季花	科	蔷薇科
界	植物界	属	蔷薇属
门	被子植物门	种	月季

术语辞典

茎：植物体的一部分，由胚芽发展而成，下部和根连接，上部一般生有叶、花和果实。茎具有输导营养物质、水分以及支持叶、花和果实等生长的作用。

2. **形态特征**。

花几朵集生，少有单生，花色甚多，色泽各异；萼片卵形，尾状长尖，边缘有羽状裂片；花瓣重瓣至半重瓣，红色、粉红、白色，倒卵形，先端有凹缺；花柱离生，伸出花萼，约与雄蕊等长。

[清]蒋廷锡《兰花月季图》

3. **赏花品诗**。

月　季

[宋]苏　轼

花落花开无间断，春来春去不相关。
牡丹最贵惟春晚，芍药虽繁只夏初。
唯有此花开不厌，一年长占四时春。

【赏析】

这首诗将月季描绘得淋漓尽致。说月季花不停地凋零和绽放，无论春去春来，都与它毫不相关。牡丹虽富贵，却只有晚春时节开放；芍药虽繁盛，却只在夏初开放。只有月季花仿佛开不厌，一年四季都盛开。

拓展迁移

◎ 观察本节介绍的几种花的花叶形态，动手画一画，并制作植物笔记。